营造风清气正的网络空间

领导干部读本

任仲文 ◎ 编

人民日报出版社

图书在版编目（CIP）数据

营造风清气正的网络空间 / 任仲文编 .-- 北京：人民日报出版社 , 2019.7
ISBN 978-7-5115-6079-7

Ⅰ.①营… Ⅱ.①任… Ⅲ.①互联网络－传播媒介－研究－中国
Ⅳ.① G206.2

中国版本图书馆 CIP 数据核字（2019）第 109819 号

书　　名	营造风清气正的网络空间
编　　者	任仲文
出 版 人	董　伟
责任编辑	林　薇　陈　佳
封面设计	尚书堂
出版发行	人民日报出版社
社　　址	北京金台西路 2 号
邮政编码	100733
发行热线	（010）65369527　65369509　65369512　65369846
邮购热线	（010）65369530　65363527
编辑热线	（010）65369514
网　　址	www.peopledailypress.com
经　　销	新华书店
印　　刷	大厂回族自治县彩虹印刷有限公司
开　　本	710mm×1000mm　1/16
字　　数	158 千字
印　　张	15
版　　次	2019 年 7 月第 1 版　2019 年 7 月第 1 次印刷
书　　号	ISBN 978-7-5115-6079-7
定　　价	38.00 元

目录
CONTENTS

第一章　没有网络安全就没有国家安全

002 | 自主可控方得网络安全
　　　倪光南

005 | 网络信息安全的辩证观
　　　冯建华

016 | 压缩网络诈骗的生存空间
　　　荣　翌

019 | 斩断网络诈骗黑色产业链
　　　钱一彬　周小苑

025 | 自媒体，良好生态如何培育
　　　钱一彬　许　晴

031 | 用人工智能为网络空间安全赋能
　　　刘园园

036 | 尊重"网络主权"是共同需要
　　　鲁传颖

039 ｜ 坚持营造风清气正的网络空间
　　　　王晓萍
042 ｜ 提高用网治网水平　让"最大变量"成为"最大增量"
　　　　王　芸

第二章　网络安全建设要以人民为中心

052 ｜ 让亿万人民在共享互联网发展成果上拥有更多获得感
　　　　王思北
057 ｜ 大力构筑网络协商民主"同心圆"
　　　　赵雅文
073 ｜ 在流量至上的喧嚣中保持定力和洞见
　　　　丁原波
082 ｜ 让青少年健康上网重在社会共治
　　　　王庆峰
085 ｜ 中国好网民：建设网络强国的重要基石
　　　　肖铁岩
090 ｜ 搜索引擎应把公益性与服务性放在首位
　　　　孝金波

100 | 网络视听：让创优成为常态
      杨伟东

103 | 构建互联网时代美育新格局
      胡一峰

第三章　加强网上舆论阵地建设

112 | 科学认识网络传播规律　努力提高用网治网水平
      庄荣文

120 | 以主流价值增强引导力
      叶蓁蓁

128 | 善用网络手段，助力主题宣传
      余荣华

136 | 军事网络宣传：在转型中守正创新
      韦　伟

144 | 构筑互联网时代文化新生态
      李政葳

149 | 全面提高党对网信工作的领导力
      张明海

154 | 牢牢掌握网络意识形态工作主动权
　　　　郑　洁
162 | 加强网络内容建设　营造风清气正的网络空间
　　　　谢新洲

第四章　开启网络强国建设新征程

170 | 互联网发展的中国速度
　　　　姜永斌　焦云鹏
177 | 开启网络强国战略新征程
　　　　张　洋　倪　弋
183 | 网络强国战略思想的重大意义和实践要求
　　　　陈志勇
189 | 在通向网络强国的征程上稳步前进
　　　　余俊杰　白　瀛
197 | 凝心聚力推进新时代网络强国建设
　　　　黄楚新
203 | 点击"学习强国"　汇聚强军力量
　　　　洪　治

206 | 构建可持续的数字世界
　　　马费成
209 | 向着网络强国阔步前行
　　　吴　晶　王思北　胡　浩
219 | 让网络空间命运共同体更具生机活力
　　　魏哲哲、张意轩、曹怡晴、王　慧、谷业凯、薛贵峰

延伸阅读

对话

226 | 我们所面临的全媒体传播
　　　王雅婧

第一章

没有网络安全就没有国家安全

各级领导干部特别是高级干部要主动适应信息化要求、强化互联网思维，不断提高对互联网规律的把握能力、对网络舆论的引导能力、对信息化发展的驾驭能力、对网络安全的保障能力。

——2018年4月20日至21日，习近平在全国网络安全和信息化工作会议上发表讲话

自主可控方得网络安全

倪光南

■ 为了保障网络安全,必须实现技术、产品、服务、系统的自主可控,需要在质量测评、安全测评的基础上增加自主可控测评。

网络安全是国家安全的重要基础,也是经济安全、社会安全、民生安全的重要保障。网络安全属于非传统安全,其内涵比传统安全的内涵更加广泛。国家网信办公布的《网络产品和服务安全审查办法(试行)》把网络安全审查分成"安全性"审查和"可控性"审查,其中的安全性审查与传统安全的要求相类似,而可控性审查在传统安全中强调得比较少,但同样需要不断健全和完善。

何为可控性?举个例子来说明。一个人买了一辆传统汽车,他就拥有了对汽车的控制权,一般不需要再考虑可控性,只需要考虑安全性就行了。但是,如果他买的是自动驾驶汽车,这辆汽车是一件网信产品,那么，它的安全性就变得复杂了。即使汽车本身的安全性没有问题，但它可能被黑客劫持，这时汽车的控制权就落到黑客手里，黑客可以遥控汽车，使其不受用户控制，甚至会造成车毁人亡的严重事故。这就是可控性出了问题。由此可见，对属于非传统安全范畴的网络安全而言，可控性与安全性缺一不可。

当前，我国网信领域要求采用自主可控技术、产品、服务、系统的呼声越来越高，这里的"自主可控"强调的就是可控性。自主可控是实现网络安全的前提，是一个必要条件，但并不是充分条件。换言之，采用自主可控的技术不等于实现了网络安全，但没有采用自主可控的技术一定不安全。因此，为了实现网络安全，首先要实现自主可控，再实现传统意义上的安全，最终再结合其他各种安全措施，达到保障网络安全的目的。

针对网络安全，现在普遍实行两种测评：一是质量测评，即对技术、产品、服务、系统等的功能、性能方面的各种指标进行测评；二是安全测评，即支撑国家网络安全等级保护制度的测评，这种测评已有相应的准则、方法、制度，还有专门的第三方机构实施测评。实际上，还应在这两种测评的基础上增加一个新的测评维度，即自主可控测评，对技术、产品、服务、系统等的自主可控程度进行测评。在实践中，由于自主可控是一个新要求，过去并没有相应的标准、制度加以保证，所以技术、产品、服务、系统等的提供者往往都会说自己能够满足自主可控的要求，导致用户无所适从。这就需要加强和规范自主可控测评。自主可控测评旨在客观、科学地评估技术、产品、服务、系统等的自主可控程度，涉及技术内涵、知识产权、技术能力、供应链、供应者资质等多方面因素，是一项比较复杂的测评。在事关网络安全的重大问题上，自主可控测评应该起到"一票否决"的作用。

还应看到，任何制度都要靠人去实施，人们的认识水平对于实现自主可控至关重要。对企业而言，应提高对自主可控的认识，在规划产品时对技术掌握程度、知识产权合法性、供应链安全等都要有周密的调查和部署，甚至要考虑到在别人切断供应时有没有备份系统顶上去。对用户而言，支持和选用国产软硬件从一定意义上说就是为自主可控做贡献。广大用户应增强网络安全意识，积极选用国产软硬件，并及时反馈使用中发现的问题，帮助国产软硬件不断提升技术水平，更好地保障我国网络安全。

（作者为中国工程院院士）

《人民日报》（2019年03月19日 10版）

网络信息安全的辩证观

冯建华

信息是网络空间的基本元素,网络安全在本质上主要体现为网络信息安全。换言之,网络信息安全是网络安全的重要组成部分。没有网络信息安全,就谈不上网络安全。随着大数据及智能化技术的快速发展,网络信息安全问题日益突出,已成为全球网络治理领域的焦点和难点。顺应国内外形势变化,网络信息安全防线应在合理区间相应变动。网络信息安全防线出现畸高畸低,都将可能引发网络空间信息传播失序,进而影响互联网发展的路向及前景。

安全既可表现为客观结果,又可体现为主观判断。在多元开放的网络空间,何种内容的信息应上升到"安全"的高度,继而必须采取强制干预手段?网络信息安全所指为何?对此应该做出比较清晰的研判与界定,而不能随意扩大化。否则,网络信息安全将可能成为网络信息管控的变相理由,从而导致网络信息安全防线收紧,网络信息流动受到干扰。

因而，如何辩证把握网络信息安全的内涵，促使其在正当合理的范畴内得到理解与运用，是当前有待在学理层面予以剖析、澄清的一个基本问题。

一、网络信息安全内涵的演变

随着信息技术与互联网络的迅速发展，网络信息安全的内涵不断拓展。网络信息安全是相关方使网络信息处于安全可控范围的状态和过程，以确保信息的机密性、完整性和可用性。网络信息安全最初主要是指网络信息数据安全，旨在保障作为客体资源的信息数据处于合法主体的控制范围之内，不被非法窃取、删改、利用等。因为互联网最初只是一个中介化的技术装置，网络信息安全主要体现为网络数据安全。

由于网络社会与现实社会日益交互渗透、融合，网络空间成为国际社会展开争夺的战略资源，信息安全也由此成为互联网安全运行的首要关切。在实践及日常用语表述中，网络信息安全开始与"网络安全"和"网络空间安全"并举。网络信息安全主要是指网络系统的硬件、软件及其系统数据，不遭到故意破坏、更改、泄露，系统连续可靠正常地运行，网络服务不中断。网络信息安全除了包括物理环境安全、信息系统运行安全和信息资源安全外，还应包括网络信息传播结果的安全。影响网络信息传播结果的最大因素无疑是信息内容，因而网络信息传播结果安全实质所指即网络信息内容安全。

从我国立法倾向来看，网络信息内容安全已成为法律规制的重点对象。我国制定首部互联网法律《全国人民代表大会常务委员会关于维护互联网安全的决定》(2000年通过,2009年修正),其主要目的就是"保障互联网的运行安全和信息安全"。根据该法律,有三种破坏运行安全的行为可追究刑事责任,大体可称为"侵网""攻网"和"断网"行为。与此相比较,构成犯罪的破坏信息安全的行为共包括11种情况,侵犯客体涵盖三大类,分别为"国家安全和社会稳定""社会主义市场经济秩序和社会管理秩序"与"个人、法人和其他组织的人身、财产等合法权利",如在网络空间传播有害信息煽动颠覆国家政权、利用互联网损害他人商业信誉和商品声誉及利用互联网侮辱他人或者捏造事实诽谤他人等。从中可以看出,该法律所言网络运行安全主要是指网络信息系统的稳定性与安全性,重在保障网络信息系统、设施处于正常运行状态。网络信息安全主要是指向网络信息内容安全,重在防止网络信息内容产生不良影响,引发严重后果。我国法律将"运行安全"从广义的"信息安全"中区分出来,以此能够更加凸显网络信息安全的指向性,即网络信息内容安全。

全国人民代表大会常务委员会颁布施行《关于加强网络信息保护的决定》(2012年通过),首要目的同样是"保护网络信息安全"。该法律重在保护网络个人信息安全(主要包括能够识别公民个人身份和涉及个人隐私的两类信息),同时要求网络服务提供者加强对其用户发布信息的管理,一旦发现法律法规禁止发布或者传输的信息,应当立即停止传输、采取消除等处置措施。显然,该法律所保护的网络信息安全同样包括网络信息内容安全,旨在调试网络空间中信息与个人、社会和国家之间的关系结构，其中关键因素是对于信息内容安全系数的认定。在一些刑事案件的判决文书中，保护网络信息安全亦成为较为常见的判决理由。例如，在"王欣等传播淫秽物品牟利案"（俗称"快播案"）中，快播公司被判罪处罚是因其未尽管理义务而导致淫秽视频大量传播，这被审判法院归为"网络信息安全问题"。此处的网络信息安全，显然是指网络信息内容安全。

由此可见，网络信息安全的内涵已从物理与技术属性的"硬安全"向媒介属性的"软安全"延伸。这并不是说后者的重要程度要高于前者，而只是表明相比于前者，网络信息内容安全已成为网络信息安全日益关切的常态化问题，也是更为棘手的问题。当前，网络信息内容安全已成为国家信息安全保障体系的重要组成部分，是管理网络信息传播的重要手段，对维护国家和社会长治久安具有重要意义。

二、防止网络信息安全概念的泛化

网络信息安全是非传统安全的重要领域。伴随着物联网、云计算、大数据、人工智能等新一代信息技术和载体的发展，网络信息安全问题变得更加隐蔽，更加复杂，更加难以防控。习近平总书记强调："网络和信息安全牵涉到国家安全和社会稳定，是我们面临的新的综合性挑战。""我们过不了互联网这一关，就过不了长期执政这一关。"在这种形势下，我国有关部门加快出台法律法规，密集制定有关管理规定，网络信息安全问题受到了前所未有的重视。2017年5月以来，在大约半年时间里，针对不同网络信息的发布形式和特点，国家互联网信息办公室发布了7个政府规范性文件，从公众账号、互联网群组、跟帖评论、论坛社区、许可证、从业人员等层面，全方位加强网络信息内容安全管理。

为了保护国家利益与社会公共秩序，网络信息安全的防线必须牢固。网络信息安全保障的口径大小，将直接影响公众享有的信息权利和表达自由的宽度。因而，网络信息安全的堤坝并非筑得越高越好，其一旦超过社会和公众的总体承受能力，这个堤坝将岌岌可危。有种倾向值得注意，网络信息安全在现实生活中往往被片面等同于网络信息内容安全，如有关部门开展网络信息治理专项行动，正是以"保护网络信息安全"的名义。网络信息安全概念的泛化，或者被有意无意地不当使用，将可能导致网络信息安全防线不断趋紧，严重干扰网络信息的正常流动。

因而，为了防止概念泛化或功利化使用对实践带来误导，引发不必要的负面影响，应该对网络信息安全特别是网络信息内容安全的内涵做出必要限定。严格说来，网络信息安全是一个具有特定所指的词汇，在原初意义上主要是指作为客体存在的网络信息系统的运行安全（主要指"硬安全"，包括网络数据资源、软硬件的安全等），网络信息内容安全是其后来演化出来的主观性较强且不时附带政治色彩的新意涵（"软安全"）。

网络空间哪种行为或何种内容的信息传播方可上升到"网络信息安全"的层面？作者认为，总体而言，只有当这种行为或信息危及国家安全与社会稳定、严重侵犯社会公共利益,才能进入网络信息安全的范畴。两相比较,原初意义的"硬安全"比较容易判断,主要是因其直接影响到网络信息系统的安全运行,如网络关键信息基础设施遭到破坏,网络公共数据资源被大量泄露、窃取或买卖等,都将使社会处于普遍的不安全之中。"软安全"层面的网络信息内容安全则不易把握,具有较强的主观性和动态性,为此,应将其主要限定在影响国家意识形态安全或政治安全的信息,而以侵害个体利益或一般性社会利益为指向的信息,如淫秽色情、个人诽谤、负面言论等内容的信息,若对国家安全或社会安定不构成实质危害,原则上不应上升到网络信息安全的层面。何种网络信息内容可上升到"安全"层面,对此应该严格掌握界限,切忌随意化与扩大化,否则将可能为公权力滥用留下弹性空间,遗患无穷。

安全、秩序与自由,是网络信息传播关涉的三个核心价值。安全是前提,失去安全,就没有秩序,更没有自由。秩序是基础,失去秩序,安全与自由将失去依托。自由是根本,维护安全与秩序必须建立在保障自由的前提之下,任何以实质牺牲自由为代价的安全与秩序,从长远来看都将是得不偿失。在遵循互联网发展规律的基础上,立足国情,探索构建安全、秩序与自由三位一体的网络信息传播格局,是每个致力于互联网发展的国家所应追求的理想目标。

在数据资源化的网络空间,公众不仅享有寻求、传递与接收信息的权利,而且对于是否公开具有个人身份特性或私人财产属性的数据资源,享有充分的处置权。这是在网络时代公民个人信息自由(信息权利)的新发展。这意味着信息与人的关系结构正在发生变化,即信息已不仅是外在于人的对象物，而且正在成为内在于人的有机组成部分，使人作为信息权利主体的身份更加凸显。在人不断被透明化的互联网时代，个人信息自由的彰显，对于维护人之安全与尊严，变得日益重要。如今，个人信息自由（信息权利）已受到越来越多国家或国际组织的认可与重视。例如，美洲人权委员会在《美洲表达自由原则宣言》中明确提出，人人都有权迅速而容易地获取有关自己或本人资产的信息，不管这些信息是保存在数据库，还是公共或私人注册的处所，在必要时能够更新、更正和（或）修改这些信息；这些原则仅在例外的情况下受到限制，而且这些限制必须事先通过法律程序确定，以防止对民主社会的国家安全构成真正的迫在眉睫的威胁。我国《网络安全法》也强调，国家保护公民、法人和其他组织依法使用网络的权利，保障网络信息依法有序自由流动。

在一些特定情况下，出于维护国家安全和社会秩序的需要，网络信息安全的实现是以损害公民个人信息自由为必要代价。但是，对于侵犯个人信息自由的组织化行为，必须设定严格的限制条件，如事先得到法律机关授权、信息主体及时知情等。在任何国家，信息自由与信息安全的冲突都难以避免，只能在长时段内寻求两者之间的动态整体平衡。为换取更大的安全保障，公众可以让出部分自由或权利。网络信息安全保障的限度，是不能过度侵蚀公民的自由空间，使其进入另一种更加不安全的状态。

国家利益高于一切。从实际情况来看，维护网络信息安全要做到国家利益与公民权利的平衡，实非易事。在构建网络空间国际传播秩序的过程中，网络信息安全是对外维护国家利益的重要手段。当前，特别要防止以非常规或过度威慑性手段快速构筑网络信息安全网，如加重刑事处罚、大面积监控乃至"断网"等。这很可能成为网络信息安全木桶的"短板"，其结果是反向激发负面信息顺势喷涌而出，从而使网络信息安全处于高压制、高风险的境地。观念是实践行为的催化剂，当下须全面、准确理解网络信息安全的意涵，防止概念使用的泛化。这是遏止网络信息安全防线不当扩张的基本前提，甚乃根本之举。

三、辩证认识网络信息安全

在不确定性凸显的网络社会，对于信息安全的渴求，比以往任何时期都越发感到迫切。网络信息安全是基于主客观综合判断，因角度与立场不同，对于网络信息安全的感知与评估，可能会得出不同的结论。为了在网络信息安全问题上谋求最大共识，需要抱持开放、理性的态度，以整体、动态、相对的眼光看待网络信息安全，而不能表现出过度紧张或敏感的状态。

网络安全是网络信息安全的基础与前提。做不到网络安全，网络信息安全犹如无本之木，将失去依托。有什么样的网络安全观，就有什么样的网络信息安全观。在网络安全和信息化工作座谈会上，国家主席习近平系统总结了当今时代网络安全观的五个特点：一是网络安全是整体的而不是割裂的；二是网络安全是动态的而不是静态的；三是网络安全是开放的而不是封闭的；四是网络安全是相对的而不是绝对的；五是网络安全是共同的而不是孤立的。这为确立网络信息安全的辩证观提供了整体框架与思维路径。

1.网络信息安全是以结果为导向的整体评价,而非仅以行为为导向的主观预判。对于网络信息安全的判定,主要是看网络信息传播的结果是否达到了危及网络空间本身或现实社会安全的程度。前者如病毒性信息破坏网络空间运行的稳定性,后者如网络恐怖信息在现实生活中造成了广泛负面影响,进而对国家安全或社会秩序造成了实际冲击。

进而言之,网络信息安全是对于网络信息传播造成的实际结果及其可能带来的迫在眼前的危害所做的总体判断,是基于网络舆情的整体分析而得出的结论,而不是仅仅根据某些结果未定或影响有限的网络信息传播行为而做的主观预判。从社会危害性的角度出发,过度强调网络信息安全的防控性,将可能极大地影响网络信息的流动性,进而侵蚀互联网的内在肌理。

2.网络信息安全是开放性的动态演化过程,而非封闭性的静态单一结果。互联网的开放性与交互性,使其具有较强的自净化能力。在多元主体的共生与博弈中,网络信息安全的等级处于不断变动之中,呈现出风险累积与风险化解的交互演变状态。因而,在开放式的互联网络传播环境下,应追求一种动态化的网络信息安全观,不能仅凭单一行为或事由就对网络信息安全下定论。

这种保守僵化的网络信息安全观,一旦披上了功利化的政治外衣,很可能演变为一次次的"净网"行动。从短期效果来看,这或许是可确保网络信息安全,可从长远来看,这种过于短视或缺乏担当的网络信息安全观，会以一种无形力量破坏网络信息传播生态，从而使网络信息安全处于更加不可控的境地。

3. 网络信息安全的防线需要内外协力共同参与、共同建设，而非依靠单一主体的孤立行为即可轻易实现。互联互通是网络社会的本质特点，一旦各自为政，私设藩篱，互联网将逐渐枯萎。只有树立网络信息安全整体观，在世界范围内最大限度地寻求协力合作，价值共识的底面越大，网络信息安全的"根基"才能愈加牢靠。关起"门"来构建的网络信息安全防线，将是脆弱的，而且所费成本巨大，难以持续。可以断言，由于互联网单方管控难度逐渐加大，所用手段不断升级，其带来的结果将是陷入恶性循环：网络信息安全的无形之网越收越紧，积累的潜在风险却越来越大。

四、结语

网络信息安全是一个综合性问题，不仅涉及技术、传播层面，而且事关政治。在信息传播形势日趋复杂的网络环境下，强化网络信息安全保障理所应当，更是势在必行。这是很多国家将网络信息安全上升为国家战略的主要原因所在。

随着网络与信息化技术发展及现实环境的变化，网络信息安全的意涵不断拓展。值得注意的是，受多种因素的促动，网络信息安全在日常用语及实践中不时偏离其本真含义，甚而出现了泛化特别是泛政治化的倾向。在网络治理与现实形势的双重压力之下，这将可能导致网络信息安全防线收紧,其极端表现就是以网络信息安全之"名"行网络信息管制之"实"。

作为一个专业术语,网络信息安全具有丰富而复杂的含义。在不同语境中,网络信息安全的意指有所不同。为了防止概念泛化带来的负面效应,我们需要从历史与现实的双重视角,辩证把握网络信息安全的意涵及其价值指向。只有正本清源,厘清界限,才能对网络信息安全抱持客观、理性的认识,而不至于表现出过度紧张或敏感的状态,同时避免在实践中出现高压制、高风险的境况。

[作者系中国社会科学杂志社编辑、博士。本文系国家社科基金项目"我国国际传播话语体系建设的理论创新研究"(编号 14BXW020)阶段性成果]

《现代传播》(2018 年第 10 期)

压缩网络诈骗的生存空间

荣 翌

■ 加强网络技术风险预判，不断提升对策的科技含量、智慧含量、创新含量，从而让治理技术跑到技术犯罪的前面。

"备豫不虞，为国常道。"今天，我们既要打好防范和抵御风险的有准备之战，也要打好化险为夷、转危为机的战略主动战。而互联互通、普惠共享的网络时代，也潜藏着诸如网络诈骗这样的安全隐患，需要防患于未然。

前不久，一份研究报告总结出"2018年十大网络诈骗经典话术"，再次警示人们筑牢网络安全防范意识。这其中，既有网络社交、信贷诈骗等传统"套路"，也不乏利用电商、网游等平台实施诈骗的新手段新表现。除了财产损失，网络诈骗还会给受害人带来难以消弭的心理创伤，甚至酿成生命悲剧。可以说，网络诈骗污损了网络生态，侵蚀了社会诚信土壤，给人们的日常生活带来阴霾。

有鉴于此，近年来，我国对网络诈骗始终保持高压严打态势，着力压实主体责任，努力守护群众的生命财产安全。破获电信诈骗案件31.5万起，成功止付被骗资金300多亿元，赴34个国家和地区开展警务执法合作，捣毁境外诈骗窝点200余个……2018年年底，公安部公布了开展专项行动3年来的"成绩单"，全国新一轮打击治理电信网络违法犯罪专项行动也正式启动。重拳出击、重典治乱，以凌厉手段集中整治网络诈骗行为，已成为社会共识。

但也要看到，重点打击之下，网络诈骗仍难以根绝，并日益呈现出新的特点。《2018年网络诈骗趋势研究报告》显示，2018年网络诈骗人均损失创下近5年来新高。与此同时，00后正成为网络诈骗的新目标，网龄较短的青少年受害者数量迅速增加。无论是从经济损失数额，还是从受害群体范围来看，网络诈骗潜滋暗长的态势都值得警惕。

新技术是一把双刃剑。近年来花样不断翻新的网络诈骗手段，有不少是钻了技术的空子。移动支付创造了高效便捷的付款方式，也成为网络金融风险的"重灾区"；短视频占领移动传播新风口，也为网络诈骗提供了新平台；大数据描摹用户画像，也导致基于公民个人信息的精准诈骗问题日益突出。现实中，恶意应用攻击手机系统、聊天机器人批量操作、互动H5链接骗取用户数据……瞄准移动互联网新业态新技术，新型网络诈骗"技术含量"显著增加，甚至呈现出精准化、智能化、场景化趋势，诈骗方式更趋隐蔽，令治理难度不断攀升。技术之刃一旦被违法者掌握，极易伤害公众利益。

这也启示人们，占领技术高地、让前沿科技为我所用，才能为治理网络诈骗提供强大武器。例如，深圳警方利用"AI+新侦查"模式排查线索，极大提升了破案效率，成功破获特大网络交友诈骗案；腾讯采用人工智能"麒麟"系统，精准打击伪基站；三大电信运营商借助技术手段，有效监控拦截诈骗短信和电话；第三方支付平台运用刷脸支付、指纹认证，不断提升支付安全性能，等等。值得思考的是，政府或企业的技术解决方案不应限于见招拆招，更须加强网络技术风险预判，不断提升对策的科技含量、智慧含量、创新含量，从而让治理跑到技术犯罪的前面。

再高明的网络诈骗技术，也是利用了人性弱点。作为治理网络诈骗的关键，网民不仅需要"技术防护"，更需要"思想防护"。增强网络防骗意识与能力，筑牢思想认识"防护线"，堵住信息"决堤口"，才能最大限度压缩网络诈骗的生存空间。

（作者系人民日报记者）

《人民日报》（2019年01月30日　05版）

斩断网络诈骗黑色产业链

钱一彬 周小苑

200余名被告涉嫌发布虚假招聘信息实施诈骗,超过5500人受骗,诈骗金额近亿元……日前,有媒体报道近年来通过58同城、赶集网发布的虚假招聘诈骗案件达60起,甚至有单起案件涉及受害者2000余人,涉案金额达6270万元。

除了虚假招聘信息骗人钱财,网络骗局套路层出,令人真假难辨:个别电商卖家以"返利""送券"等幌子诱骗买家付款;"李鬼"网站以假乱真,假扮对象涉及高校网站、支付平台甚至政府网站;代刷业务明码标价干扰网络秩序,甚至成为不法分子的敛财工具。专家指出,营造"知信、用信、守信"的良好氛围,网络骗局背后的黑色产业链亟待重拳整治。

有力协作　有效联动
平台审查严把关

"在家能上班，日赚400元。"今年4月，浙江网友小徐在某招聘信息平台被一条"待遇优厚"的网络兼职信息吸引。当小徐先后缴纳数千元入职押金和保证金后，工作人员却再无音信。

"亲，你只用点这个链接并用支付宝支付，就可以获得20元优惠。"日前，平时酷爱网购的吴小姐，在淘宝平台看中了一条裙子。"卖家说可以赠送优惠券，只是需要在下单前通过支付宝账号转账支付。"一周过去，按照商家提示完成转账后的吴小姐却迟迟未收到商品，再次联系时却发现店铺下架、商家消失。

类似假商家、假招聘诈骗案例不在少数。不少网友表示，自己经历过虚假商家收钱不发货、招聘方突然消失等网络骗局。在猎网平台2017年接到的用户举报中，虚假兼职诈骗是举报数量最多的类型，所占比例达15.7%，虚假购物诈骗举报案例占14.3%。

"网络平台审查不严，是造成虚假商户盛行和虚假信息传播的重要原因。"中国政法大学刑事司法学院刑侦研究所讲师李小恺认为，网络平台作为网络服务提供者，理应承担相应的审查准入职责；还应重点针对商家和信息发布者进入门槛低、流动性强的特点，积极与政府部门以及其他平台有效联动，不给敛财骗局可乘之机。

破解虚假信息骗局，多方协力是关键。日前，浙江温州市公安局反诈中心与腾讯、阿里巴巴等互联网平台协作，组织10个小组分赴19个省份开展集群抓捕,成功抓捕"假招聘"涉案人员53人,涉案金额超100万元。

北京大学互联网发展研究中心主任田丽认为,互联网平台应建立多层审查机制,加强辨别审核,切实履行平台审查准入职责,尤其要对虚假信息、虚假商家保持警惕,保证网络信息真实性。

"既要平台自觉,更要依法规范。"李小恺指出,相比于民事责任界定,现有法律法规对网络平台刑事责任和行政责任的规定仍待进一步明晰,由此带来的不确定性、不可预期性以及较差的可执行性,一定程度上影响了相关整治措施的推进。

严把源头　严控全程
"火眼金睛"防风险

"明明是两所大学,为什么学校官网这么像,甚至连栏目设置都一样?"日前,有网友发现武汉经贸大学被"克隆"了。打开"克隆网站",学校简介煞有介事:"于1992年下半年开始筹建,1993年6月14日经湖北省人民政府批准。"然而经有关部门核实,所谓的"武汉经贸大学"既非正规高校,其网页域名也来自境外服务器。

今年4月,安徽灵璧县公安局破获一起涉及3个犯罪窝点、犯罪嫌疑人达24名的网络诈骗案件。一条涉及制作山寨钓鱼网站、诱骗网络游戏玩家点击、骗取账号密码、窃取交易游戏装备的黑色产业链条被斩断,涉案金额近200万元。

专家指出，山寨网站以假乱真，用户稍有不慎便会"入坑"，导致个人隐私信息泄露甚至被不法分子骗取钱财。国家互联网金融安全技术专家委员会的监测数据显示，截至今年6月底，互联网金融仿冒网页已超过4.7万个，受害用户达11万人次。

日前，山东烟台芝罘区检察院依法批捕10名虚假彩票网站诈骗团伙犯罪嫌疑人。该团伙自2017年以来，利用微信、QQ等网络工具发布虚假广告诱骗彩民前往"体彩网""彩乐网"等虚假彩票网站投注，并采取反复更换网站地址方式躲避用户举报以反复作案，涉案金额超400万元。

"斩断虚假钓鱼网站背后的黑色产业链，需要监管部门严控全过程、覆盖全环节，既要通过网站实名备案制严把传播源头，也要通过动态监测机制和追踪技术，及时发现可疑的网络欺诈链接。"中国社会科学院新闻与传播研究所新闻学研究室主任黄楚新建议，互联网平台应成为破解网络欺诈骗局的重要参与主体，为监管部门整治山寨网站和钓鱼网站提供数据分析参考和地址追踪支持。

山寨伪装真假难辨，网民更需提高警惕。"虚假钓鱼网站通常伪装成银行、电商等涉及在线支付操作的网站，意在窃取用户银行账号、密码等信息。"南京大学社会学系教授陈云松分析，网民在登录此类网站时应提高安全风险意识，"比如尽量使用主流浏览器并开启钓鱼网站拦截功能，对资质和安全性存疑的网站，也可通过权威数据库先查询确认"。

精准识别　精确打击
技术之盾显身手

280元购买10万僵尸粉丝，45元购买1万普通粉丝，80元购买1万仿真粉丝……有网友在微博平台收到了这样一份"粉丝业务价格表"，粉丝、点赞、评论等业务一一注明，明码标价，甚至还有所谓的"高质量转发评论""真人针对微博内容评论"等名目繁多的代刷业务。

记者与一位声称提供"刷粉"业务的工作人员取得联系，对方介绍称："除了有专人每天负责申请新账号，还有代刷机器人和软件，效率很高。"数据显示，目前代刷主战场已逐渐由网页平台向移动代刷软件转移，仅2017年一年，新增的代刷软件数就超过15万个，是2015年总量的35.6倍。

目前，一些主要平台采取技术监测、用户投诉等手段，鉴别非正常手段获取的粉丝。据统计，微博平台自2017年6月至2018年5月，已累计处罚违规账号超过68000个；抖音平台则采取限制流量、封禁账号等处罚手段打击代刷行为，并针对粉丝异常账号进行定期评估和回溯清理。

"社交平台的刷粉刷赞行为盛行，往往令所谓的热门话题掩盖网民真正关心的民生、经济和社会事件，导致本应成为理性讨论平台的网络公共空间充斥明星八卦和奇闻轶事，挤压互联网优质内容的生存空间。"陈云松分析。

专家指出，除了影响互联网内容生态，"代刷"也被一些不法分子利用，成为其敛财诈骗的"新套路"。

"刷单兼职广告上写着只要在淘宝上完成刷单，就能得5%～10%的佣金，赚钱非常轻松。"今年1月，家住安徽淮北的代先生按照所谓的"刷单"要求购买了一件价值120元的商品，交易成功后，对方即刻返还125元。初尝甜头的代先生继续刷单后，商品价格越来越高，"卡单""任务未完成"等理由却越来越多。当被"中介"拉黑时，代先生已投入近2万元。

"代刷产业链如果长期存在，将扰乱市场和内容竞争秩序，导致劣币驱逐良币。"黄楚新认为，取缔代刷产业链，不仅需要监管部门从严监管、从严整治，也需要互联网平台升级技术手段，实现精准识别和精准打击。"与此同时，普通网民应积极投诉举报，切不可因贪图蝇头小利参与刷单而助长不正之风甚至遭受损失。"

（作者系人民日报记者）

《人民日报》（2018年07月05日 23版）

自媒体，良好生态如何培育

钱一彬　许　晴

刷量注水炒高人气、洗稿抄袭挪作己用、编造谣言吸引眼球……自媒体造假和侵权乱象正扰乱内容生态，透支用户信任。企鹅智酷的数据显示，56.1%的自媒体用户对内容质量表达明确的担忧心态，2017年，超过2/3的用户不再关注新的自媒体账号。

自媒体红利临近触顶，造假者为利屡屡侵权，自媒体良性生态亟待建立。识破造假者伪装，压缩侵权者空间，不仅是摆在监管部门和平台面前的现实命题，也需自媒体从业者和普通用户共同行动。

判定标准模糊，造假精细度提升，给维权监测增加难度

"洗稿其实就是剽窃。"某知名自媒体人曾在其微信公众号上发文指责洗稿行为，"你不能把人家的标题、核心创意，甚至例子、重要语句都一成不变地拿过来。"这一"宣战"一时引发公众对洗稿现象的广泛关注。

何为洗稿，何为借鉴？由于缺乏相对明晰的判定标准，当事双方往往各执一词，令原作者维权受阻，也影响平台举措发挥效果。以微信平台为例，早在2015年，微信平台就推出原创声明功能，目前已形成用户快捷举报和线上侵权投诉系统两个渠道，如核实违反著作权法，微信将予以坚决处理。但据微信团队介绍，由于目前法律法规对洗稿行为定义相对不明确，可供执行的依据较少，平台方面在认定著作权法上的侵权行为时可能会存在争议，亟须司法、行政主管部门、平台、社会各界积极参与。

造假现象为何屡禁不止？中国社会科学院新闻与传播研究所新闻学研究室主任黄楚新认为有多方面原因，如内容造假所带来的经济诱惑巨大、现行法律法规还有待完善、技术手段难以从源头遏制造假、普通网民容易被不良自媒体利用等。业内专家认为，目前洗稿刷量在法律层面和舆论层面还未形成真正具有警示作用的处罚案例和措施，一些自媒体在逐利心态下可能采取侵权违规行为。

此外，日益精细化的技术手段也给对应平台监测增加难度。"目前自媒体造假的精细度有所提升。"清华大学新闻与传播学院教授沈阳介绍，以自媒体刷高阅读量为例，以前一般在固定时间操作，阅读量增长趋势明显异常，而现在的刷量造假可以模仿自然阅读量增长的曲线，其增长变化相对更为自然，不易被用户察觉。

随着平台阵营不断扩充，自媒体造假开始呈现出从平台化到跨平台化发展的趋势。"在一些我没有发表过文章的平台，会遇到原创文章被人抢先发布的情况，有的甚至原文照搬。"自媒体人梁子表示，遇到此类情况，跨平台的追责申诉费时更久，效果也不尽如人意。

规范自媒体运营的相关文件陆续出台，平台通过升级技术、优化算法挤掉泡沫

"这类侵权现象只会让默默原创的人寒心，劣币驱逐良币，自媒体内容质量将会越来越低。"梁子认为。一方面，一些靠刷量、洗稿起家的自媒体账号赚得盆满钵满，有的甚至得到知名机构投资；另一方面，普通原创者能享受到的平台红利在减少。"4万阅读给5元，30万阅读给65元，让搞原创的作者感到很郁闷。"一位自媒体作者抱怨。

"自媒体造假之风盛行，不仅严重侵犯了网民的利益，更损害了广告客户的经济收益。一方面，网民会觉得自己被欺骗，对自媒体甚至平台的信任度降低；另一方面，广告客户为了维护自身利益，必然会拒绝与造假媒体及平台合作。这样一来，自媒体红利流失，造假害人终究害己，长此以往会激发行业间的恶意竞争，打压优质作品的创作空间，不利于营造风清气正的网络空间。"黄楚新表示。

为了打击自媒体造假行为，不少自媒体平台已经采取行动。2015年年初，新浪微博启动垃圾粉丝清理计划，截至当年5月，共清理垃圾关系341亿，涉及51万个账号；2016年9月，微信版本更新导致营销刷量机器人无法工作，不少大号阅读量被迫"裸泳"。腾讯随即发布声明称，平台不欢迎任何虚假的繁荣；2016年12月，今日头条上线精准辟谣功能，通过算法分发把辟谣内容推送给谣言易感人群，解决"传谣张张嘴，辟谣跑断腿"的难题。

近年来，国家网信办陆续颁布《互联网用户账号名称管理规定》《微博客信息服务管理规定》《互联网用户公众账号信息服务管理规定》等文件，完善自媒体管理。与此同时，维权骑士、快版权、版权印等第三方机构的出现，也为网络版权保护提供了新思路。《2017年中国网络版权保护年度报告》显示，我国网络版权保护力度空前，网络版权良好生态正在形成。

但如腾讯在2016年的声明中所说："'猫鼠斗'的游戏一定会在相当一段时间内持续，我们也会继续加强技术手段，确保平台的真实、公正和公平。"

尊重知识产权、恪守诚信底线，应成为互联网空间的共识

今年7月，国家版权局、国家互联网信息办公室、工业和信息化部、公安部等四部门联合启动打击网络侵权盗版"剑网2018"专项行动。据介绍，此次专项行动将坚决整治自媒体通过洗稿方式抄袭剽窃、篡改删减原创作品的侵权行为，营造良好的网络版权环境。

"自媒体购买粉丝、刷阅读量的行为，与网络商家刷流量、刷好评的行为在本质上是一样的，都属于虚假商业宣传，是我国反不正当竞争法所禁止的行为。"中国传媒大学法律系副教授刘文杰表示，监管部门应当制定标准明晰的处罚规定，同时结合直接民事责任、责令停止、罚款等处罚，提升造假和侵权成本。

"目前一些平台通过升级技术、浮动比对等手段加强对刷量洗稿等侵权行为的监测，一定程度上压缩了违规者的生存空间。"中国政法大学传播法研究中心副主任朱巍认为，平台方也应对自媒体乱象背后的黑色产业链有所关注和警觉，既要精确识别，更要精准打击，以遏制不良侵权之风。

据微信团队介绍，用户申请原创声明后，系统会自动与数据库进行智能比对，只有符合平台原创标准时，才能获得"原创"标记。2017年，微信公众平台上有近2900万篇文章使用了这一功能。

此外，一些平台通过优化算法、升级技术等破解刷量产业链中的泡沫。例如，抖音短视频平台除了能够自动识别异常粉丝、定期清理非真实用户，还会对刷量账号采取限流、封禁等处罚手段。平台运营团队表示，抖音的推荐机制正努力剔除买粉买赞行为的影响。

平台尽其责，从业者也须自念"紧箍咒"。"曾有其他公众号作者联系我申请文章转载权限，最初对方都会标注原作者简介等信息，但之后就通过缩小字号、使用浅色字体等进行模糊处理，有时甚至直接隐去转载源。"自媒体人小马坦言，相互尊重知识产权、标明转载来源应当是自媒体人应遵循的基本规范之一。

"尊重知识产权、恪守诚信底线既是自媒体人应有的自觉素养，也应成为互联网空间的广泛共识。"朱巍指出，为营造良好的自媒体生态，普通用户一方面在发现谣言造假、刷量抄袭等违规行为时要积极投诉举报,另一方面也应注重提高自身素养,理性辨别造假自媒体内容,避免偏听偏信。

(作者系人民日报记者)

《人民日报》(2018年08月31日　12版)

用人工智能为网络空间安全赋能

刘园园

面对计算机系统和网络的缺陷和漏洞,黑客们找准机会实施攻击,白帽黑客则利用黑客技术来测试网络和系统的性能以判定它们能够承受入侵的强弱程度。短短几年时间,人工智能已进驻多个行业,落地无数场景。其中一些行业和场景已为大家所熟知,还有一些正在进入我们的视野,在网络安全领域,AI"白帽"正成为网络安全工程师的得力助手。

据报道,近日美国市场调研公司 CB Insights 发布报告预测了 2019 年人工智能行业的发展趋势,其中一个趋势便是用人工智能发现网络威胁。

正在赋能网络安全

"人工智能技术的蓬勃发展,为网络安全攻防带来的,不仅有机遇,也有挑战。"北京理工大学网络攻防对抗技术研究所所长闫怀志接受科技日报记者采访时说。

先说好的一面。360安全研究院邹权臣博士告诉科技日报记者,目前人工智能已经应用于恶意代码检测、恶意流量检测、威胁情报收集、软件漏洞挖掘等网络安全领域。

"例如,在恶意代码检测方面,人工智能通过对恶意程序的API调用序列、系统CPU利用率、收发的数据包等信息,自动识别恶意代码的特征,进而判定分类。"邹权臣介绍,相比于传统的基于动静态分析的特征检测、启发式检测技术,人工智能可以大幅度提升检测的准确率。

360安全研究院研究员张德岳介绍,在软件漏洞挖掘方面,采用人工智能技术从漏洞相关的数据中提取经验和知识,并用训练好的模型提高漏洞挖掘的精度和效率,可以缓解当前该领域研究遇到的一些瓶颈问题,具体应用场景包括漏洞程序筛选、源代码漏洞点预测等。

"人工智能在网络安全领域的应用日益广泛,运用人工智能赋能网络空间安全,主要体现在主动防御、威胁分析、策略生成、态势感知、攻防对抗等诸多方面。"闫怀志说,其中包括采用人工神经网络技术,来检测入侵行为、蠕虫病毒等安全风险源;采用专家系统技术,进行安全规划、安全运行中心管理等;此外,人工智能方法还有助于网络空间安全环境的治理,比如打击网络诈骗。

具备明显"过人之处"

与传统的应对网络安全的方式相比,人工智能确实展示了其"过人之处"。

在闫怀志看来,人工智能方法在解决人力所不及的安全大数据统计和抽取规律方面具备天然优势,它能够全面提高威胁攻击的识别、响应和反制速度,提升风险防范的预见性和准确性。特别是在异常行为检测等应用场景模糊的非精确识别和匹配方面,更是如此。

"人工智能针对未知威胁和攻击的检测也更出色。因为传统的特征匹配方法对未知威胁几乎无能为力,而人工智能方法有时不需要先验知识,对未知威胁的检测能力较强。"闫怀志说。

不得不说,人工智能系统还具备成本效益优势。闫怀志认为,人工智能可以在第一时间发现和识别预防威胁,并立即启动应急响应,高效的智能检测流程有助于减少人工参与、简化流程、降低成本、减小损失。

"传统的应对网络安全的方法依赖于人工硬编码定义、提取特征的方式完成相关任务,而人工智能可以直接对原始数据进行训练,从大量的数据中提取特征,自动完成分类判定的工作。"张德岳说,如此一来,后者既可以提高网络安全中预测、防范、检测、销控等各个风险环节的自动化和智能化程度,又能提升响应速度和判定的准确率。

不能靠它包打天下

"虽然人工智能搅动了网络安全领域的一池春水,但是应该理性看待人工智能在应对网络安全方面的优缺点,不能指望全靠人工智能来包打天下。"闫怀志说,人工智能在应对网络安全问题时,也有较强的局限性。

邹权臣分析，这一方面受限于人工智能算法本身的能力。因为传统的机器学习技术依赖特征提取，而算法的效果和性能又依赖识别和提取特征的准确性。深度学习具有在高维数据中自动提取特征的能力，同时面临着持续学习、数据饥饿、可解释性等问题。

"另一方面机器学习，特别是深度学习过分依赖数据，但在恶意代码检测、软件漏洞挖掘等领域，目前仍然存在数据收集困难的问题，缺少较好的数据集用于训练，影响对相关领域的研究。"邹权臣补充说。另外人工智能严重依赖于耗费计算资源，复杂的深度学习网络需要同时计算成百上千万次的计算，需要强大的人工智能芯片计算力的支撑。

闫怀志则从不同方面总结了人工智能的不足。比如，易于忽视或者抛弃人类专家在网络安全领域的知识和经验积累，对网络安全的复杂应用场景考虑不足，对于已知威胁的检测效率远低于传统的精确特征识别方法等。

"使用神经网络和深度学习等算法，能够较好地识别出未知攻击威胁风险，达到'知其然'的目的，但是这些算法通常无法揭示产生这种安全风险的基本机理，也就是'不知其所以然'，从而为从源头防御这种攻击风险带来极大障碍。"闫怀志说。

脆弱面带来安全风险

人工智能在应对网络安全问题时，有时甚至会展现出脆弱的一面。

"一个真实环境中的人工智能系统，会面临数据安全、模型/算法安全、实现安全等多方面的安全威胁。"张德岳告诉科技日报记者。

张德岳举例说，在数据安全方面，在数据收集与标注时出现错误或注入恶意数据，将导致数据污染攻击；在模型/算法安全方面，针对人工智能算法存在黑盒和白盒对抗样本攻击，可导致识别系统出现混乱；在实现安全方面，除了人工智能系统本身的代码实现，其所基于的人工智能框架以及所依赖的第三方软件库中的软件实现漏洞，也都可能导致严重安全问题。

"人工智能对现有网络安全格局的影响，离不开算法、数据和计算能力3个方面，其容易遭受攻击的弱点也来自于此。"闫怀志总结说。

对于防范人工智能的脆弱性所带来的安全风险，闫怀志指出：首先要从体系架构、系统算法容错容侵设计、漏洞检测和修复、安全配置等方面来增强人工智能系统自身的安全性；其次，要用其所长，尽量减小其暴露给外界的潜在攻击面；最后要构建网络空间安全综合防御体系，从安全技术和安全管理等层面来协同防范安全攻击，间接减缓攻击者直接针对人工智能系统发起攻击以及攻击成功的可能性。

来自360安全研究院的专家也给出多个建议，其中包括在数据获取过程中，要加强对数据来源的控制与过滤，在一定程度上保证数据安全可靠；在数据传输过程中，要使用更加安全的传输协议与加密算法；在人工智能系统的实现中，要保证代码质量并进行完善的测试，此外还要及时更新或修补框架或依赖库中存在的漏洞等。

（作者系科技日报记者）

《科技日报》（2019年04月15日　08版）

尊重"网络主权"是共同需要

鲁传颖

当前,全球网络空间正处于新旧两种秩序转换的窗口期,围绕着安全的治理成为网络空间新秩序的最大特征。国际社会在网络空间治理上陷入困境,一方面是各方对新旧秩序如何转换存在不同认知,另一方面是各国在博弈新秩序的建立上不肯妥协。此时提出网络空间治理的中国方案,不仅是提升中国话语权的重要战略举措,更是国际社会实实在在的需求。

网络空间治理的中国方案,应当首先回应各国在网络安全问题上的关切。虽然"斯诺登事件"曝光已经过去3年多,但是作为当事方,美国政府并没有对国际社会做出任何改变和承诺,相反,还加大了对网络监听和网络作战资源投入。国际社会也未能通过任何制度性的安排来约束这种行为。不解决这种可以肆意入侵他国网络空间的现象,网络空间新秩序难以建立。

因此，尊重"网络主权"不仅仅是一句口号，而是各国在备受强权国家网络入侵的切实需要。客观说，任何一个网络强国都有冲动去渗透其他国家的关键信息基础设施，窃取重要网络情报。这是一种与国家利益息息相关的低成本、高回报和有战略意义的举动。但是，这种行为不仅可能挑起各国间的网络军备竞赛，还会对全球的外交和经济造成更大的负面影响。

"斯诺登事件"曝光前，网络空间秩序的主要特征是自由、开放和互操作。建立新秩序并不意味着旧秩序过时了，相反，是要在旧秩序的基础之上增加安全的保障，回应各国对于安全的关切。西方一些媒体和一些国际互联网治理机构喜欢将提倡网络主权与分裂互联网挂钩。这种观念，部分是偏见，部分是误解，还有一部分是有人要恶意地阻碍网络空间治理进程。

对于这些错误观念，最好的回应就是解决新旧两种秩序的兼容，一方面充分考虑到互联网自由、开放、互操作对于网络空间发展、创新的重要作用；另一方面，通过技术、政策和国际规则来约束侵犯他国网络主权的行为，建立安全、有序的网络空间新秩序。

过去的互联网秩序强调自由却忽视了公平，强调人权却忽视了均衡。从当前网络空间面临的安全威胁和挑战来看，无法通过所谓"大国协调"和"霸权稳定"来构建网络空间新秩序。网络安全事关每个国家的政治安全、经济安全、社会安全，与国家安全密切相关，任何一个国家都不可能任由其他国家来建立一套侵犯其核心安全的网络秩序。平等参与，共同维护网络安全是建立网络空间秩序的基本出发点。

此外，各国还要加强网络治理能力建设。任何一个国家在网络安全方面缺乏基本能力都有可能沦落为全球网络安全的犯罪温床。国家能力有大小，技术上也有先进和落后之分。这就需要通过全球性的制度安排，消灭发展中国家的数字鸿沟，加强能力建设、人才培养和信息基础设施的援助。

网络空间治理的中国方案，既可以回应各国在安全上的关切，又不必受累于旧秩序的负担，还可以推动国际社会在网络空间治理上达成共识，共同维护网络空间的安全、和平与稳定。

（作者系上海国际问题研究院副研究员）

《人民日报》（2017年04月19日 22版）

坚持营造风清气正的网络空间

王晓萍

"坚持营造风清气正的网络空间"既是以习近平同志为核心的党中央管网治网实践基础上的理论创新,也是我们在新的历史条件下,紧紧抓住互联网这一意识形态斗争的主战场、维护好网络意识形态安全的实践路径和根本遵循。

深刻领会、深入践行习近平总书记关于网络强国的重要思想,以高度的政治自觉维护网络意识形态安全。当今时代,没有网络安全就没有国家安全,过不了互联网这一关,就过不了长期执政这一关。能不能牢牢掌握意识形态工作领导权,关键要看能不能占领网上阵地,能不能赢得网上主导权。面对宣传思想工作"四个前所未有"的现实挑战和"守正创新"的政治要求,我们要把握好统一思想、凝聚力量的中心环节,肩负起"五个方面使命任务",打赢网络意识形态斗争、维护网络意识形态安全。我们必须站在确保党长期执政的高度,牢牢坚持以习近平新时代中国特色社会主义思想为指导，坚持"正能量是总要求、管得住是硬道理"，以贯彻落实党委（党组）网络意识形态工作责任制和网络安全工作责任制为关键抓手，立破并举、守土尽责，用有力有效的工作把"四个意识"体现好、把"两个坚决维护"践行好，推动互联网这个最大变量转化为事业发展的最大增量。

坚持不懈加强和改进网络内容建设，着力用主流思想、主流舆论、主流价值、主流文化主导网络空间。要充分发挥互联网主平台、主渠道作用，打造传播矩阵、建设数据平台、创新方式方法，以习近平新时代中国特色社会主义思想统领互联网内容建设，大力推动党的创新理论网络传播，持续壮大网上正面舆论强势。适应互联网交互性、网络化传播的重要特征，加快主力军向主战场转移步伐，依托媒体融合发展，增强互联网思维，走出将正面宣传内容简单进行数字化的生产方式，提升主动设置现象级话题的能力，着力打造富有正能量的网络热点、网络现象，使主流媒体在网络空间始终居于主导地位。建立完善网上正能量保护和扶持激励机制，开展网络传播效果评价，唤醒沉默的大多数，共同传播正能量。网上正面宣传要"入眼入耳"，更要"入脑入心"，解决大水漫灌、忽略受众需求、重形式、轻实效的问题，突出分层次、分众化、分时段教育，加强个性化生产、即时性推送，提升针对性和有效性。

建立网络综合治理体系，全面提升网络综合治理能力和水平。这是党的十九大提出的一项重要任务，也是治网管网的治本之策。坚持多主体参与、多手段并用，强化党的全面领导，压实互联网企业主体责任，引导广大网民积极参与网络治理，以经济手段调控网络利益，以法律手段规制网络空间,以技术手段规范网络行为,着力建构综合治网格局。加快网络立法进程,完善依法监管措施,落实"两个所有"要求,严密防范和抑制网上攻击渗透行为,加强批驳反制,持续推进网上专项行动,清理违法和不良信息,坚决遏制网络"泛娱乐化"现象。加强监测预警、风险研判和管控处置,健全应急指挥体系,提升技术治网水平,不断提高网络舆情发现力、研判力、处置力。加强互联网企业党组织建设,强化企业政治意识和社会责任。落实好《中国共产党纪律处分条例》和《关于规范党员干部网络行为的意见》有关要求,依托争做中国好网民工程、网络公益工程等载体,加强对新社会阶层人士、新媒体代表人士的政治引领、政治吸纳;加强全社会网络素养教育,群防群治,构建网上网下同心圆。

(作者系中共吉林省委常委、宣传部长)

《求是》(2018年第21期)

提高用网治网水平　让"最大变量"成为"最大增量"

王　芸

习近平总书记在全国宣传思想工作会议上的重要讲话，立足坚持和发展新时代中国特色社会主义战略全局，坚持理论逻辑和实践逻辑相统一，强调必须科学认识网络传播规律，提高用网治网水平，使互联网这个最大变量变成事业发展的最大增量。这些重要论述观大事、谋大局，体现了恢宏的战略视野、深邃的政治考量、强烈的历史担当，抓住根本、切中肯綮，为我们做好新形势下网络舆论宣传工作提供了根本遵循、思想基准、精神坐标和方向引领。

一、坚持立心铸魂，加强思想引领，让党的创新理论成果飞入"寻常百姓家"

"求木之长者，必固其根本；欲流之远者，必浚其源泉。"习近平新时代中国特色社会主义思想，是当代中国马克思主义、21世纪马克思主义，是我们党必须长期坚持的指导思想。要把学习宣传贯彻习近平新时代中国特色社会主义思想作为首要政治任务，高举马克思主义、中国特色社会主义旗帜，大力推动党的创新理论网上传播，让互联网真正成为传播宣传马克思主义的主阵地、主渠道。

落实两个巩固根本任务，筑牢精神之基。中国特色社会主义进入新时代，大有可为的历史机遇期、爬坡过坎的关键期交织叠加，要把习近平新时代中国特色社会主义思想作为凝聚广泛思想共识、熔铸磅礴奋进力量、实现美好生活的伟大精神旗帜，发挥互联网的思想引领作用，统筹全市"网、微、端、屏"等资源，形成矩阵化宣传强劲声势。找准立足点、聚焦点、着力点，运用习近平新时代中国特色社会主义思想研究院APP、网上学校、"津门里巷"等平台载体，加强宣讲传播、阐释宣介，推动习近平新时代中国特色社会主义思想学习宣传贯彻不断往深里走、往实里走、往心里走，成为网络空间的主心骨、定盘星、度量衡，进一步坚定对马克思主义的信仰，对社会主义和共产主义的信念，对中国特色社会主义道路、理论、制度、文化的自信，在立根固本中坚定理想信念。

落实学懂弄通做实要求，推动党的创新理论成果深入人心。面对信息时代思想文化相互激荡、价值观念多元多样的复杂局面，准确把握不同群体思想观念、价值取向日趋多元的新特点，创新网上理论武装的新途径，提高网络理论传播的有效性，打通理论武装的最后"一公里"。统筹多种网络宣传资源，充分运用"两微一端"等平台载体，开展对象化差异化分众化宣传，从理论深度、实践广度、历史厚度等不同维度，生动阐释"中国共产党为什么能"，深刻回答"中国特色社会主义为什么管用"等重大问题，以理服人、以情动人，引导广大网民明理明道、学深悟透，不断深化对习近平新时代中国特色社会主义思想的理论品格、精神实质、实践价值的认识，在内心里认同、情感上接受、行动上遵循，凝聚奋进新时代的思想共识和精神力量。

坚持问题导向，主动回应网民关切。在智能时代、互联网普及的新形势下，"人人都有麦克风"，要密切关注网民所关心的切身利益和社会热点问题，积极探寻党的创新理论与网民思想的切入点、结合点、契合点，让互联网成为同群众交流沟通的新平台，成为了解群众、贴近群众的新途径。坚持以小见大，寓事于理，注重运用生动活泼的案例、群众身边的真实故事说明问题，在研机析理、解疑释惑、互动交流中传播主流思想，在回答"怎么看"中讲清"怎么办"，在"解扣子"中"指路子"，既解决思想问题，又解决实际问题，把抽象的理论变成通俗的"常识道理"，让党的创新理论成果贴近现实、连接社会、走进生活、融入实践，落地生根、深入人心，成为网络空间的最强音，在春风化雨、润物无声中强信心、聚民心、暖人心、筑同心。

二、坚持正面宣传为主，把握正确舆论导向，不断巩固壮大网络主流思想舆论

当前，互联网成为意识形态斗争的主战场，社会舆论的放大器、传

导器，要深入研究把握互联网条件下的新闻传播规律和新兴媒体发展规律，牢牢把握正确舆论导向，全面加强内容建设，壮大网上主流舆论，让网上主旋律更高昂、正能量更充沛。

坚持正能量是总要求，巩固壮大主流思想舆论。主动适应舆论环境、媒体格局、传播方式的深刻变化，创新内容和传播方式，坚持优化整合，推动媒体融合发展。加快推进区级融媒体中心建设，打造精锐传播力量。紧紧围绕党和国家事业发展大局、天津经济社会发展实际，深耕细作，持续推进"风从海上来　改革进行时""水到渠成共发展"等网上重大主题宣传，大力宣传改革开放特别是党的十八大以来的历史性成就，加大经济社会发展、保障改善民生的宣传力度，让主题宣传报道天天见、天天新。紧密结合机关、企业、学校、社区、村镇等不同群体特点，注重在移动端发力，运用算法推荐、短视频等新技术新手段，推出更多网民喜闻乐见的"沾泥土""带露珠""冒热气"的鲜活报道和融媒体产品，让党的声音成为网络空间的最强音。

加强网上舆论引导，牢牢掌握网络舆论宣传的主导权。根据受众需求多样、参与意识增强、思想观念多元等新情况新特点，把网上舆论引导作为宣传管理的重要一环，坚持用马克思主义占领网上舆论阵地，牢牢掌握党对网络意识形态工作的领导权。加强网评员队伍和工作机制建设，健全网评传播矩阵，壮大网上舆论引导力量。把握好"时度效"要求，加强改进经济、民生、环保、反腐等领域突发事件的舆论引导，主动回应关切，增进社会共识。加强议题策划设置，抢占网络舆论宣传制高点，做好重大事件、突发事件的舆论引导，对热点、难点、焦点问题，做到早发声、准发声、巧发声、发好声,掌握网上舆论的主导权、话语权。推动全市各级各类新媒体协同联动,形成传播主流舆论矩阵。坚持移动优先战略,注重在移动端发力,推动主流媒体资源更多向端上聚集、各类宣传力量在端上发声,让互联网这个最大变量释放出最大正能量。

大力弘扬社会主义核心价值观,培育积极健康网络文化。坚持中国特色社会主义文化发展道路,发挥网络特色、网络优势,深化中国特色社会主义和中国梦宣传教育,大力培育和践行社会主义核心价值观,培育积极健康、向上向善网络文化,用社会主流思想价值和道德文化滋养人心、滋养社会。把社会主义核心价值观融入网络文化产品、文化服务、文化活动和文艺创作中,积极推动《换了人间》《有个学校叫南开》等优秀影视作品网络展播。加强网络音频节目、微视频、动漫、H5等作品的制作,开展个性化创作、可视化呈现、互动化宣传,让广大网民爱听爱看。坚持立德树人、以文化人,持续推进"中国好网民""网络中国节"等品牌活动,广泛开展"爱心e街区"等系列网络公益活动,加强文明上网宣传,教育引导网民特别是青少年,提高网络文明素养。

三、坚持综合治理,加强调控管控,提升科学治网水平

建立网络综合治理体系,是党的十九大提出的一项重要任务,也是治网管网的治本之策。坚持以先进技术为支撑,深入研究网络传播和治理规律,坚持系统治理、专项治理、源头治理并重,形成党委领导、政府管理、企业履责、社会监督、网民自律等多主体参与,经济、法律、

技术等多种手段相结合的综合治网格局,推动实现互联网由"管"到"治"的深刻转变。

加强依法治网,确保互联网在法治轨道上健康运行。互联网不是法外之地,要全面推进网络空间法治化进程,把依法治网作为用网治网的基本方略,加快推进网信法律体系建设,健全完善互联网领域法律法规,更多通过法治手段体现党管互联网要求,运用法治办法调节处理网上矛盾、依靠法治途径化解网上风险,推动依法管网、依法办网、依法上网。加快推进我市大数据立法,以2019年国家网络安全宣传周在津举办为契机,深入推动《网络安全法》的贯彻落实,推动全社会提升网络安全意识和安全防护能力。完善网络综合执法协调机制,加强网络执法队伍建设,规范网络执法体系,提升网络执法能力。教育引导网民自觉规范网络行为、净化网络环境,做到依法上网、文明上网、诚信上网、安全上网,营造清朗网络空间。

加强技术治网,健全技术治网体系。面对互联网新技术新应用新业态不断涌现给网络宣传舆论工作带来的严峻挑战,正确处理安全和发展、开放和自主、管理和服务的关系,把以技术对技术、以技术管技术贯穿网络宣传舆论工作的全过程。积极运用新技术改进创新网络传播形式,建设、完善互联网舆情预警分析系统,及时发现网络敏感热点舆情,总结舆情传播规律,不断提升对重大网络舆情的研判分析。建设网络安全态势感知平台和网络安全攻防实验室,加强对网络安全事件的感知、预警、处置。提升技术管网能力,及时发现并有效处理借助互联网新技术新应用传播违法有害信息问题,加强网信执法技术支撑。加快个性化算法推荐、短视频、网络直播、社交网络群圈等领域管理关键技术研发应用，坚决清除各类违法信息。

加强网络空间治理，打赢网络意识形态斗争。建立健全网上风险防范机制，增强政治敏锐性和政治鉴别力，提升处理网上复杂问题和突发事件的能力，及时批驳网上错误思潮，对网民的建设性意见要认真研究吸取，对广大网民不了解的情况要及时宣介，对片面或模糊认识要及时廓清，对错误看法要及时引导和纠正。积极做好互联网新闻信息服务许可审批专项工作，严格落实"两个所有"要求，决不允许有"特殊成员""舆论飞地""真空地带"。健全网络社会组织体系，成立天津市网络社会组织联合会，完善行业自律规范，教育引导从业人员依法依规开展工作。

四、加强党对网络意识形态工作的全面领导，增强本领能力，建设过硬队伍

习近平总书记强调："互联网管理是一项政治性极强的工作，讲政治是对网信部门第一位的要求。"更好承担起举旗帜、聚民心、育新人、兴文化、展形象的使命任务，必须切实提高网信干部的政治素养和专业水平，增强养正气、固根本、把方向、强阵地的本领能力。

加强政治建设，坚定政治方向。网信工作是政治工作，要坚持以党的政治建设为统领，牢牢把握正确政治方向，增强"四个意识"，坚定"四个自信"，始终在思想上政治上行动上同以习近平同志为核心的党中

央保持高度一致，坚决维护习近平总书记在党中央和全党的核心地位、坚决维护党中央权威和集中统一领导。要坚持把讲政治作为第一位的要求，把忠诚可靠作为第一位的标准，融入全市网信部门领导班子、干部队伍建设中，体现到网络舆论宣传的各个环节、各个方面，深入开展不作为不担当专项治理，严肃党内政治生活，严明政治纪律。坚持从小事做起、从细节入手，把从严治党的要求落实到日常工作生活中，不断提升忠诚度、纯洁度、可靠度，增强政治定力，以政治上的清醒和坚定，切实担负起维护网络意识形态安全的职责。

加强学习锻炼，提升能力素质。网信工作政治性、专业性、技术性都很强，面对新一轮科技革命给网信事业带来的深刻影响和挑战，没有几把刷子是很难胜任的。要把学习作为使命所需、事业所需、形势所需、成长所需，坚持深入基层、深入群众，不断增强脚力、眼力、脑力、笔力，切实提升网信业务素质和工作能力。紧跟信息时代发展步伐，加强网信领域前沿科学、文化、法律和业务知识学习，不断掌握新知识、熟悉新领域、开拓新视野，切实提高对互联网规律的把握能力、对复杂问题和突发事件的处理能力。着眼未来，抓住青年干部这一关键，通过党课教育、学习培训、群团活动等，引导广大青年干部把学习作为终身的追求，不断加强业务学习和实践锻炼，努力提升做好新时代网信工作的本领。

积极履职尽责，强化责任担当。一分部署，九分落实。要以踏石留印、抓铁有痕的使命担当，加强对全市网信工作的组织领导和网信领域重大战略性任务的统筹指导，抓好全国宣传思想工作会议对网络舆论宣传工作提出的新任务新要求的落实。坚持"强双基、重双责"，落实"两个所有"要求，做到守土有责、守土负责、守土尽责。在大是大非面前，勇于斗争、敢于斗争、敢于亮剑，当战士不当"绅士"，理直气壮、旗帜鲜明地坚持真理，立场坚定、针锋相对地批驳错误，决不给错误思想提供传播渠道。持之以恒改进作风，坚持不懈纠正"四风"特别是形式主义、官僚主义。大力弘扬干事创业、履职尽责的先进典型，营造激励勇担当、善作为的良好氛围，强化监督执纪问责，加强督促检查，推动网络意识形态工作责任制落实。

（作者系天津市委宣传部副部长　市委网信办主任）

（转自人民网。2018年12月04日）

第二章

网络安全建设要以人民为中心

网信事业发展必须贯彻以人民为中心的发展思想，把增进人民福祉作为信息化发展的出发点和落脚点，让人民群众在信息化发展中有更多获得感、幸福感、安全感。

——2018年4月20日至21日，习近平在全国网络安全和信息化工作会议上的讲话

让亿万人民在共享互联网发展成果上拥有更多获得感

王思北

数字信息浪潮风云激荡,网络技术发展日新月异。

党的十八大以来,以习近平同志为核心的党中央系统部署网络安全和信息化工作,不断推进理论创新和实践创新,走出一条中国特色治网之道,形成了网络强国战略思想,我国网信事业取得历史性成就,亿万人民在共享互联网发展成果上拥有更多获得感。

积极构建天朗气清的精神家园

联合整治炒作明星绯闻隐私和娱乐八卦、约谈直播短视频平台、将违规网络主播纳入跨平台禁播黑名单……2018年以来,国家主管部门协同发力,对当前社交媒体及网络视频平台上存在的违法违规行为打出一系列"组合重拳"。

网络空间是亿万民众共同的精神家园。网络空间天朗气清、生态良好，符合人民利益。网络空间乌烟瘴气、生态恶化，不符合人民利益。

习近平总书记在网络安全和信息化工作座谈会上强调："我们要本着对社会负责、对人民负责的态度，依法加强网络空间治理，加强网络内容建设，做强网上正面宣传，培育积极健康、向上向善的网络文化，用社会主义核心价值观和人类优秀文明成果滋养人心、滋养社会，做到正能量充沛、主旋律高昂，为广大网民特别是青少年营造一个风清气正的网络空间。"

从出台《互联网新闻信息服务管理规定》《互联网用户公众账号信息服务管理规定》等法规规章，为依法管网、办网、用网提供基本依据；到开展"净网""剑网""清源""护苗"等系列专项治理行动，网络谣言、网络色情等网络乱象得到有效整治；再到"全国网络诚信宣传日""中国好网民工程"等一批活动成功实施，公民网络文明素养大幅提升……

党的十八大以来，有关部门大力推进网络空间法制化，有效规范网络行为，维护网络秩序，净化网络环境，亿万网民共有的精神家园日渐清朗。

全社会共筑网络安全防线

移动网络终端恶意程序不断、人脸识别系统被轻易攻破、网络摄像头泄露个人隐私……万物互联的时代，机遇与挑战并行，便捷和风险共生。

"没有网络安全就没有国家安全,就没有经济社会稳定运行,广大人民群众利益也难以得到保障。"习近平总书记高屋建瓴的话语,为推动我国网络安全体系的建立,树立正确的网络安全观指明了方向。

2017年6月1日,网络安全法正式施行,将网络安全各项工作带入法治化轨道;《国家网络空间安全战略》《通信网络安全防护管理办法》等配套规章、政策文件相继出台,网络空间法治进程迈入新时代。

通过对微信、新浪微博、淘宝网、京东商城等网络产品和服务的隐私条款进行评审,企业违法违规收集用户隐私信息的行为得到有效整改,个人信息保护制度日益完善。

金融、能源、电力、通信、交通等领域的关键信息基础设施建设不断加强;网络安全审查、数据出境安全评估等重要制度逐步建立,为网络安全织密防护网。

"网络空间安全学院"在多所大学落地,"网络空间安全"成为一级学科;连续4年举办国家网络安全宣传周,让"网络安全为人民,网络安全靠人民"的理念深入人心……

党的十八大以来,各方面齐抓共管的良好局面已经形成,凝聚了全社会共同努力的网络安全防线正在高高筑起。

让亿万人民在共享互联网发展成果上有更多获得感

贵州省贵定县由于地理位置偏僻,交通和信息不畅,这里的云雾贡茶、香酥辣、酥李等农特产品销路过去一直没有打开。如今,这些黔南特产通过农产品电商平台"领略中国"实现了在线销售,搭上互联网的快车走向全国。依靠电商扶贫,当地贫困户的生活正变得越来越好。

贵定县是网络扶贫加快弥合数字鸿沟的一个缩影。今天的中国,网民规模达 7.72 亿,其中手机网民规模达 7.53 亿。网信事业的发展与 13 亿多人民的工作和生活息息相关。

习近平总书记强调,"网信事业要发展,必须贯彻以人民为中心的发展思想",为网信事业提供了根本遵循。

党的十八大以来,亿万人民在共享互联网发展成果上,有着更多实实在在的获得感——

2017 年,中国数字经济规模达 27.2 万亿元,占 GDP 比重达 32.9%;电子商务、网络零售持续增长,电商推动农村消费规模稳步扩大,物流、电信、交通等农村消费基础设施进一步完善。

从在线办税、医疗挂号到车主服务,不断细化的信息服务全方位覆盖百姓生活,"互联网+政务服务"让信息多跑路、群众少跑腿。

AI 智能诊疗系统、无人化超市终端、VR 智慧教室……数字技术正在将人们想象中的智能新生活变为现实。

凡益之道,与时偕行。

党的十九大制定了面向新时代的发展蓝图,提出要建设网络强国、数字中国、智慧社会,推动互联网、大数据、人工智能和实体经济深度融合,发展数字经济、共享经济,培育新增长点、形成新动能。伴随着信息技术日新月异的发展,更加便捷、高效的智慧体验指日可待。

在习近平新时代中国特色社会主义思想指引下，中国正以更自信、更坚定的步伐，昂首迈向网络强国的新征程。

（作者系新华社记者）

（新华社北京 08 月 19 日电）

大力构筑网络协商民主"同心圆"

赵雅文

2016年4月19日,习近平同志在网络安全和信息化工作座谈会上指出,"网络空间是亿万民众共同的精神家园","要让互联网更好造福国家和人民",干部上网了解民意"是新形势下领导干部做好工作的基本功"。这些观点充分体现了"以人为本,民生为先"的执政理念和服务宗旨,这种新标准和新尺度的主张与确立必然内含着新的网络舆论观。领导干部跟着民众上网、接纳不同意见和充分释放民意,不仅体现了一种主动作为的工作姿态,更体现了一种人民公仆所应具有的职责、勇气和担当。

一、民意由线下走向线上,干部要跟着民众上网,开辟"线上协商"新渠道

互联网作为技术平台打破了"线下协商"传统机制面对面官民交流

的束缚与局限,"人人都有麦克风"时代让公众不仅具有了当然的知情权,也具有了充分的表达权。互联网是民意释放的最大集散地,它比线下的现实民意更普遍、更丰富、更真实,官民通过充分有效的网络互动逐渐形成并建立起"线上协商"的新渠道与新机制。

（一）线下民主协商的传统机制与范式。由于受到互联网普及程度和社会媒介化水平的制约,我国传统的协商民主机制以"基层协商"和"线下民主"为基本特点,民主建设多以面对面的方式在现实世界中展开,大众媒介在协商民主中发挥的作用十分有限。在我国协商民主的传统机制中,浙江温岭的"民主恳谈"和天津宝坻的"村民议事"是最为典型的两种形式。民主恳谈是浙江温岭在改革开放时代条件下探索出的基层协商民主新模式,"开启了我国在市场经济条件下进行基层民主政治建设的发展路径,为各地基层协商民主实践提供了宝贵的示范模式和现实经验"。在改革创新的时代机遇下,人民利益得到了不断的实现和拓展,而在基层协商民主的制度保障下,人民利益又得到了持续的维护与巩固。天津宝坻是全国较早开展村务公开民主管理的地区之一,多年来,区委区政府高度重视基层民主政治建设,陆续推出了村级重大事务"六步决策法"等一系列制度措施。天津宝坻所开创的农村基层协商民主制度,在完善村级治理机制、促进农村社会和谐稳定的过程中发挥了不可替代的重要作用。

（二）线下民主协商的积极作用与局限。上述两种基层协商民主的范式有较强的针对性和实操性,具有里程碑式的意义和价值。浙江温岭的民主恳谈,从最初的对话走向成熟后的参与,拓展了民主生长空间,是我国基层民主演进的样本，经过十多年的民主实践已"成为小镇居民的生活方式"，"被称为从泥土里生长出来的'民主载体'"。天津宝坻的村民议事，内容涉及土地流转、危房改造、树木砍伐、路渠修挖、鱼池发包、家园清洁等村里重大事务和涉及农民切身利益的事项，当地干部充分调动农民的积极性和主动性，确定"村民的事村民自己定自己管"的民主协商思路，这样既规范了干部用权，又和谐了村民关系，被称为"最接地气的民主范式"。

如上所言，线下民主协商对我国民主建设的改革与推进起到了一定的积极作用，但它在物理空间、议事时长和自由程度等三个方面还存在不可避免的局限和欠缺。从物理空间看，由于场所有限而参与者较少；从议事时长看，由于时间较短而讨论不充分；从自由程度看，由于彼此面对而影响畅所欲言。这就需要我国的协商民主突破原有的线下渠道，借助并利用网络新媒体向线上转型，通过延展时空和虚拟表达让更多的公民没有顾虑、无所拘束地自由参与民主协商，这样就把协商民主的两端——公民与政府连接在一起并诞生出协商民主的新形式——"线上协商"，从而打破了传统渠道协商民主辐射人群小、沟通不充分、表达有顾虑的束缚与局限。这是对协商民主线下单一渠道的突破与延伸，也可以说是协商民主的一种拓荒之举，在此基础上，公民线上参与协商决策的民主新机制日益形成并得以迅速发展。

（三）线上民主协商渠道建设的新拓展。习近平在"4·19"重要讲话中提出的"民意来自网上""干部要跟着民众上网""干部要经常上网看看""通过网络了解民意是干部做好工作的基本功"等论断是对刚刚兴起的"线上协商"最科学的阐释,体现了习近平高屋建瓴、高瞻远瞩的"新网络舆论观"和"新民主建设观"。"线上协商"公众参与广泛、议题覆盖全面,有效扩大了民主实践范围,近几年我国政府出台的"个人所得税法修正案""法定节假日调休安排""放开二胎政策"和"延长退休年龄"等都是通过互联网平台广泛征得绝大多数公众意见并充分酝酿后实施的。2011年4月25日,中国人大网就《个人所得税法修正案(草案)》公开咨询民意,85%的民众表达了"3000元起征点太低"的观点,同时腾讯发起的44万网友参与的调查中,77.94%的网友希望个税起征点在5000元以上,凤凰网做的51万网友参与的调查中,97.8%的人支持个税起征点上调。由此可见,互联网拓展了广大公众参政议政的渠道,民意民声汇成洪流,通过互联网得以表达,从而让政府决策更加理性和严谨,而这正是线下协商所无法比拟的。

诚然,线上民主协商也是有限的,前文所言的广泛性、多层次和自由性仅是相对于线下协商而言。首先,数字鸿沟可能会将低经济收入(硬鸿沟)和低信息素养(软鸿沟)、没有条件参与和处于社会边缘的弱势群体排除在网络协商之外,参与网络协商的群体会集中在"经济条件较好、文化程度较高、对网络民主有兴趣"的"高校学生、政府公务人员和企事业单位员工等"少部分人群,因此其覆盖的还不是全体民众。其次,网民的"协同过滤"造成"信息窄化"和同质化,"沉默的螺旋催生了网民的'群体极化'现象",于是,网民意见在从众心理和胁迫心理等驱使下逐渐向强弱两极分化,如此循环往复必然导致一方声音越来越强大、另一方声音越来越弱小，这样民主协商的对立性和竞争性观点易被压制和约束，"消解了协商民主的公共理性"，没有真正达到"声音多元""百家争鸣"的协商初衷和愿望。最后，两个协商主体即政府和公众虽然同在一个网络技术平台上，前者是信息发布者和控制者，后者只是参考者和接受者，在这样地位不平等和信息不对称情况下，协商民主的实现可能还是有限、碎片化和浅层次的。

（四）线上民主协商的实践要求与形式。实现线上民主协商，通常需要满足"自由和平等的表达、公开和直接的参与、理性和包容的探讨等条件"，网络空间恰恰具备了上述三种特性，与协商民主实践要求形成了"耦合"。其实，现实空间中已有多种民主渠道接近这三种特征，如中国共产党全国代表大会、中华人民共和国全国人民代表大会和政协全国委员会，从不同层面代表各个领域各族人民心声，体现了民主的多线多层表达；再如咨询会、公众听证会、协商会和市民评价会等，也具有行业和基层的广泛代表性。这种"代表制"民意已显现出多层级间的网络形态，类似网络空间中的"意见领袖"群体。但网络空间对此突破的是将"代表制"完全"个体化"，不需代表人人参与，虽然意见与声音可能会碎片化和肤浅化，但也可能更为真实和直接，避免了意见的偏向和弱势的沉默。在网络空间中，由于虚拟、开放、共享、便捷，因此公众少了"拍砖"和"报复"的顾虑，少了"绕弯"和"回避"的伪装，少了"耗时"和"路途"的劳顿，这样"去行政化""去指令化""去权威化"和"去层级化"后，民主协商的主体参与更直接了，意志表达更平等了，互动过程也更为便捷了。

随着网络技术的不断发展、网络应用的逐渐普及和官民互动的意愿增强，民主协商的主阵地逐渐从现实空间向网络空间转移，这样民主协商的场域扩大了——从空间有限到无限延展，状态改变了——从间断在场到持续在线，人数增多了——从数量有限到可无穷大，表达自由了——从有所顾虑到宽松自然，渠道丰富了——从单一对话到形式多样。从国内相关理论与实践探索来看，网络空间的民主协商有以下四种主要方式：一是公共政策议题的网络调查，通常这方面内容涉及面广、社会影响大，因此出台前需要通过媒体发起民意调查，进行反复讨论充分酝酿，如"延迟退休年龄""放开二孩生育"和"法定节假日调休"等方案就是这样实施的。二是官民互动对话的网络问政，2008年时任国家主席胡锦涛和时任国务院总理温家宝先后做客网络论坛，开启与网友在线交流先河，随之人民网便开辟"地方领导留言板"，将网络问政制度化和常态化，广东、安徽和湖北等省进行问政网络直播，各地区和各行业政务微博基本达到普及（截至2016年6月底共有15.9万个）。三是特定政治活动的网络报道，最典型是一年一度的"直通两会"，通常由人民网、新华网和中国网等国家主流媒体开辟专栏，如新华网2016年在互动板块中推出"听网声、聚民智——我向总理说句话"和"两会众言谈"栏目，"支持网友互动交流、建言献策。不仅提出问题，回应问题，还尝试实现政府官员、代表委员、专家学者和普通民众的互动交流、共商国是"。四是网络突发事件的舆论倒逼，现实生活中诸如矿难、爆炸、污染、疫情等一些涉及群众生命和公共安全的问题经常会引发网民的广泛关注和积极参与，通常的流程是：公共决策方案欠妥——

网民自发组织声讨—决策部门被迫回应—引起高层领导关注—顺从民意完善政策，如 2007 年"厦门 PX 项目事件"即属于此类。

二、干部要有耐心，善于接纳不同意见，网上网下形成协商同心圆

由于立场不同和认识差异，官民在现实协商和网络互动中经常处于分歧或对立状态，这其实正是哲学所说的矛盾斗争性一面，通过协商最终要走向矛盾统一性的另一面，因此公共政策的出台不是官方发号施令地"制造同意"，而是要在充分沟通和吸纳意见中"达到共识"。

（一）线上协商汇聚民众不同声音。习近平在"4·19"讲话中指出，"对网民要多一些包容和耐心""及时吸纳建设性意见""及时廓清模糊认识""及时化解怨气怨言""及时引导和纠正错误看法""欢迎和吸取善意批评""理性对待各方观点和想法""少管制多治理""少封杀少扣帽子多启发多引领""网上网下要形成同心圆"。习近平这些思想观点有很强的现实针对性和适应性，对协商民主来说极具方法论意义，体现了科学使用网络、优化网络舆论生态、科学引导网络舆论的新闻观。

回顾近些年我国出台的几个全国性政策或改革方案，没有一个是一帆风顺的，几乎从头至尾充满杂音，赞成与反对声音此起彼伏，但也没有一个是简单粗暴、自上而下地命令式强行推动的，都是要经过上上下下多层多轮的征询意见并反复吸纳各方意见修改而成的，"法定节假日调休方案"的出台就是如此。2013 年 10 月全国假日办针对"全国

年节及纪念日放假办法"进行首次调查，紧接着11月27日又委托人民网、新华网、搜狐网、腾讯网、新浪网、凤凰网六家网站发布《关于法定节假日调休安排的调查问卷》，第二次通过网络征集民众对放假方式的意见，引起全国公众广泛关注并产生强烈热议，共264余万网友参与此次调查。调查结果显示，支持率最高的是方案三，超半数（55.55%）网友支持保留国庆7天长假；其次是方案一（国庆休3天），支持率为28.09%；支持率最低的是方案二（国庆休5天），仅为16.36%。经不断沟通与互动，最终形成共识并汇集到国务院层面，使现行方案得以顺利实施，整个网络协商过程体现出了民主、高效、快捷、透明的特点。这充分表明，利用网络平台大行民意调查之风已成为带有浓重协商色彩的民主实践形式之一，成为中国特色社会主义民主建设的重要组成部分和完善国家治理体系的重要力量。

（二）从众生喧哗到民心趋同。"网络空间是亿万民众共同的精神家园"，这是习近平"4·19"讲话关于新闻舆论的一种创新观点，既是一种问题阐释，也是一种目标要求。从问题视角看，习近平指出了互联网建设存在的困境和缺陷；从目标视角看，习近平表达了互联网建设未来的理想和期待。"网络空间"是民主协商的新语境，其自由平等特点决定话语流向的开放性；"亿万民众"广泛参与决定意见表达的集群化和分散化，众生喧哗不可避免；而"共同的精神家园"实质上就是文化与价值认同，就是亿万民众在网络空间中的团结和谐。

从"物理空间"到"网络空间"，民主表达的主要场域和渠道发生了转换，从而使民主协商由"现实"走向"虚拟"，其匿名性极大地促进了社会公众充分的意见表达。与此同时,由于"利益诉求"不同,各类群体必然站在自己立场上发声,于是必然产生赞成、中立、反对等各种杂音,有据理力争的,有静观沉默的,还有起哄闹事的。这种众生喧哗是网络空间不可避免的应有常态,民主协商也正需要这种众生喧哗,它有利于各类群体不同声音的充分表达,其质疑声和反对声会使改革方案更趋于严谨和科学。反之,如果表面看来意见一致但反对声音暗流涌动,可能会给方案实施留下隐患,其所造成的危害更为严重和不可收拾。线上民主协商实质上就是通过亿万民众的互动寻找利益共同点从而达成意见一致,其过程就是意见由多元到统一、由分散到趋同,这正是马克思主义新闻观"人民性"的最本质表达和充分体现。

（三）线上民主协商合理引导网络舆情。当前,我国正处于经济体制深刻变革、社会结构深刻变动、利益格局深刻调整的转型时期,大量涉及人民群众切身利益的社会问题频繁爆发,这些问题都需要通过协商民主的方式进行合理解决。与此同时,我国经济社会转型又恰与媒介融合和传媒变局背景相叠加,舆论复杂多元,信息快速扩散,个性表达自由,任何事件经过网络的放大与发酵都会形成巨大的影响力,特别是涉及人民群众的重大利益问题,其舆论及演变更是无法控制,后果难以预料,如"哈尔滨天价鱼""中国游客泰国铲虾"和"北京动物园老虎咬人"等反转事件,像一幕幕戏剧一样让人猝不及防、目瞪口呆,因此急需建立一个有序、平和、理性的线上协商环境,能够通过各抒己见来释放不同意见和不满情绪,消除争议,凝聚共识,避免发生"舆论雪崩",最终合理引导网络舆情的走向。

由于网络舆情复杂难控，因此线上民主协商不能指望一蹴而就，政府及管理部门要在包容网民、化解怨气和吸取批评基础上尊重顺从民意。前些年，广州市规划局批准的番禺区垃圾综合处理厂和垃圾焚烧发电厂建设的选址方案最终夭折，其争议和处理过程就是一个经典案例。消息传出后，反对声音就不曾停止，涉事楼盘的业主论坛首先成为线上协商的策源地，反对垃圾焚烧发电厂建设的帖子被不断转载并置顶，加之公共媒体对此事的不断报道，"建厂之争"迅速成为华南地区网络论坛的热门话题。业主多次开展网络讨论，并详细列举了垃圾焚烧可能造成的污染，条分缕析地陈述了反对建造垃圾焚烧发电厂的理由，最后在充分考虑民情民意的基础上，广州市政府决定暂停垃圾焚烧发电项目，并在广州市范围内开展"垃圾问计"活动，向市民和专家征求科学处理垃圾的办法。在整个事件过程中，广州市政府不仅没有对网民的言论与意见进行压制与封锁，反而在法律法规允许范围内充分保证了网民发表意见的自由，既坚守了"底线思维"，又进行了灵活处理，实现了有效的线上协商，引导网络舆情始终朝着合理合法方向发展变化，并最终使问题得以有效解决。

（四）线上民主协商需要理性与责任。由于民主协商制度的不完善和网络空间天然的独有特性，民主协商开展过程中不可避免地会出现以下几种问题：首先是网络暴力，素质参差不齐和缺乏自律理性的网民或以从众、或以围观、或以挑事等心理参与其中，致使协商陷入无节制、非理性的起哄、谩骂和攻击；其次是"伪大多数"，网络表达包容数量庞大的协商主体，实现了"多数人的对话"，但这里的"多数人"通常是指意见领袖或强势群体，弱势群体或未有条件上网群体声音微弱或无法表达；最后是虚假共识，民主协商中公民和政府所处立场不同，即使公民诉求也相差较大，如网络调查"是否取消五一长假"，教师和学生拥护声音高，而农民工上网少，反对的声音微弱，因此，北京大学新闻与传播学院副教授胡泳认为，"网络讨论社区很难成为慎议的论坛"，原因在于网络讨论不是包容性的、匿名在线讨论导致不负责任、网上讨论欠缺收尾或决定。

网络参与主体的虚拟性和匿名性特点凸显了民主协商的平等性，但同时也容易造成公共道德责任的缺乏，如不负责任地发表言论、攻击和诬陷意见相左者，这就需要网民加强网络空间的自觉性，处理好自由发声与依法表达的关系。习近平在"4·19"讲话中指出，"网络空间天朗气清、生态良好，符合人民利益。网络空间乌烟瘴气、生态恶化，不符合人民利益"，"整天乱哄哄的，那就什么事也办不成"。这些论述点出了网络空间存在的问题和亟待改善的现象。民主协商根本目的是服务人民群众，需要一个和谐宽松愉悦的氛围和环境，"乱哄哄""情绪化"和"不符合人民利益"怎么能协商呢？民主协商是着眼于公众利益具有公共性质的国家或集体层面的协商，是站在事件或政策本身高度、有益于问题改善和解决视角的公共意见表达，而非个人情绪发泄，因此非理性的"情绪民主"是不可取的。

三、允许人人发声，让民意得到充分表达，增强官民协商互动性

中国互联网络信息中心发布的第39次《中国互联网络发展状况统

计报告》显示，截至 2016 年 12 月，中国互联网网民规模达 7.31 亿，手机网民规模达 6.95 亿，中国互联网已进入普及化和全民化时代。它打破了传播媒体时代少数精英的话语表达限制，实现了真正的人人发声、全民互联的协商民主氛围，从而使民意得以充分表达并鲜活地流动起来，使官民互动得以增强并成为一种常态。

线上民主协商与线下民主协商相比，其突破在于参与群体的广泛、多层和互动。习近平在"4·19"讲话中强调的"民意在网上""要善于运用网络了解民意""让互联网成为我们同群众交流沟通的新平台"充分体现了我党"以人为本，以民为本"的性质宗旨和"从群众中来，到群众中去"的优良传统。"民本思想"发端于商周交替之时，是中国传统文化中极其重要的思想资源，也是历代统治者治理国家的重要指导思想，在国家政治制度的发展及变更之中一直存在并发挥着重要作用。古代的民本思想经历了从"重天敬鬼"到"敬德保民"、再从"重民轻天"到"民贵君轻"这样一个历程，民众地位逐渐被统治者所认识和重视，"水可载舟亦可覆舟"不仅是古训也是当下之警言。从民主协商视角看，线下现实空间到线上网络空间的突破正是民本思想借助互联网技术的纵深式实践，也是马克思主义中国化"人民性"的具体体现。"人民性"自产生之日起其内涵恒定不变，但其外延伴随报刊媒体、广电媒体和网络媒体的演变在不断丰富和发展，由初步生发的少数精英到逐步深化的多数群众再到全面彰显的广泛民众，只有网络媒体才最终让"人民性"得以名副其实。"群众路线"是我党的根本工作路线，也是党和国家一切工作的出发点和落脚点。线上民主协商的统一思想、和谐舆论和科学决策目的，恰恰契合了"一切为了群众，一切依靠群众，从群众中来，到群众中去"思想灵魂。这个思想灵魂有两个关键点：一是"群众"的主体和核心地位，"依靠""为了"以及"从……来"和"到……去"明确提出了民主协商的出发点和落脚点；二是"官民"的互动和沟通，强调政府和人民群众的同频同步、目标一致。

（一）线上协商要让民意得到尊重。线上协商的民意充分表达，不仅要注意主体的广泛性，即"人人发声"；还要注意客体的广泛性，即"事事发声"，特别是关乎民生的重大公共政策出台一定不能忽略民意，否则将会形成民怨和敌对，危及社会稳定与和谐。前文提到的"个人所得税法修正案""法定节假日调休安排""放开二孩政策"和"延长退休年龄"等政策的出台实施已成为近几年线上协商的经典案例，受到公众的广泛称赞和好评，但在住房、教育和医疗三大民生问题上并没有给民意提供充分表达和释放的空间和机会，以至于成为多年来一直压在百姓和政府头上的"三座大山"。

买房贵、上学贵、看病贵"三大民生问题"令众多普通百姓家庭喘不过气，房价、学费和医疗费高得离谱，远远超出普通家庭承载的极限，因房成奴、因学陷困、因病致贫已成为社会一大顽症。多年来，房价上涨、学费增加、药费提高几乎没有征求群众的意见，完全被市场和人为所操控，被房地产和医药利益集团所驱使，有的精英竟然不顾百姓死活，明目张胆地放言"房地产就应该是有暴利的""药品怎么能当馒头卖"，等等。其实，房价也好，学费也好，药费也好，上涨本也无可厚非，但政府及相关部门要事先通过网络与普通群众进行协商，协商过程中一定把房价、学费和药费透明地计算出来，比如生产成本、技术成本和净利润等，要让普通群众全面了解后充分表达意愿，并以绝大多数普通家庭收入为参照标准，使普通家庭"跳跳脚"通过努力能够买得起房、上得起学和看得起病。可喜的是，政府在控制药价和医保方面的改进措施很大，期望类似改革越多越好。

（二）线上协商要让民意流动起来。"延长退休年龄"是我国近几年一项关注度较高的政策调整，从草案抛出到形成社会共识就经过多年讨论，而具体方案推进过程更是一波三折。2013年11月，人民网联合专业第三方调研机构——清研咨询和优数咨询所做的一项问卷调查显示：68.6%的受访者反对延迟退休，59%的受访者认为废除退休双轨制的时机已经成熟，73.5%的受访者支持实行弹性退休制。其中在外资企业工作的人士反对声最高，有78.8%的受访者认为，延迟退休不符合中国国情。在反对者的声音中包含了"对青年人就业的挤出""能否干到65岁""多缴纳5年，少领取5年""增加企业成本""想尽早拿养老金享受生活""有命交社保，没命拿社保"等各种担心。反对之声异常强烈，但政府并没有对此产生反感，而是本着"真心听意见"的良好初衷与公众进行诚意互动，2015年"高级和处级以上女性自愿延迟5年退休"时机成熟并正式实施，2016年"两会"确定"小步慢走，渐进到位"的推进思路，"渐进式延迟退休年龄"政策呼之欲出。

网络自从诞生之日起就作为开放自由的象征存在于人们的生活之中，在网络协商民主模式中没有"庙堂"和"江湖"的区分，也没有精英和草根的差别，有的只是观点和思想的激烈碰撞与平等交流。在互联网的技术赋权下，人们可以摆脱现实生活中阶层的隔离、身份的约束和地位的差距，参与"线上协商"的各主体在此特定空间内获得了形式上的地位平等，在话语权上也实现了加权平均并能畅所欲言，从而使网络表达由无声静默变为各抒己见，实现了"说"与"听"的双向互动。正是这种双向互动"让民意流动起来"，也让政府即将出台的法律法规、改革方案或调整政策更为严谨和科学。此外，互联网的普及与应用水平的提高使公民能够全面及时地获得信息，以更加平等、主动的姿态与政府互动，进而推动政府立法与决策行为的公开化、透明化和科学化。

（三）线上协商要让互动成为常态。与线下协商的传统机制相比，线上协商的公众互动在渠道和时空上有了新的突破和延展。从协商参与主体的广泛性来看，线下民主恳谈只涉及一定地域内的利益主体，而线上民主协商覆盖的利益主体则更为广泛；从协商过程的即时性来看，线下民主恳谈传统机制下公众意见的呈现和民主程序的运行需要一定时间才能完成，而线上民主协商新机制下意见收集与反馈的速度将会大大加快；从协商内容的具体指向性来看，线下民主恳谈多针对一定区域内的具体事务，线上民主协商则事关较大范围内人民群众的重大利益问题；从协商形式的信息化程度来看，线下民主恳谈是一种较低水平信息化的形式，而线上民主协商则是基于互联网平台信息化手段的综合运用。

习近平在"4·19"讲话中明确指出两个主体的互动渠道与方式。两个互动主体，一是人民群众，一是领导干部，而最终要落脚到人民群众这个终极主体上。习近平强调的"网信事业要发展必须贯彻以人民为中心的发展思想""让亿万人民在共享互联网发展成果上有更多获得感""让互联网成为我们同群众交流沟通的新平台""网络空间是亿万民众共同的精神家园""要让互联网更好造福人民"等论述中的主体虽用词不同，但都指向一个关键词"人民群众"，这里明确指出线上协商网络公众不仅仅是个别的意见领袖，也不仅仅是所谓的网络大V，更不仅仅是身居高位的社会精英，更要包括那些社会底层以及不擅表达的"沉默的大多数"，即全体民众和各类群体。与此同时，习近平讲话中关于学会上网、潜水聊天、回应关切、耐心交流、吸纳意见、化解怨气和纠正错误等基于党政机关和领导干部视角的论述，进一步点明了线上协商的出发点和突破口。撇开网络，领导干部和人民群众都可能是静态或线下"弱联系"，只有互联网才真正把领导干部和人民群众嫁接在一个平台上互动起来，"网上网下形成同心圆"，最后实现共同目标——"中华民族伟大复兴的中国梦"。

（作者系天津师范大学新闻传播学院教授）

《理论探索》（2017年第02期）

在流量至上的喧嚣中保持定力和洞见

丁原波

大众需要真相,读者需要思辨,优质内容永远不会被自媒体炮制的"爆款"所取代。在流量至上的喧嚣中,钱江晚报秉承"心向读者、情系万家"的办报宗旨,坚持"向上、向善、向美"的核心价值导向,不偏信"流量思维",明确主流媒体角色定位;加强内容建设,回归"深度"和"专业"。

当下,流量是个热词,有观点认为,互联网盈利的本质就是流量。媒体融合背景下,流量也成为很多媒体的必备要素。它通常体现在平台的注册用户和日活量上,也体现在微信公众号的"10万+"里。

新媒体环境下,部分自媒体过度强调"流量至上",靠着"标题党"和"鸡汤文"赚足眼球,这让身处媒体融合大潮中的传统媒体,倍感压力。

传统媒体与新兴媒体的融合,对媒体以及新闻工作者履行责任担当、引领现代舆论提出了新的挑战。本文所要探讨的核心,就是在流量至上的喧嚣中，主流媒体该如何保持定力和洞见，履行社会责任，提升社会影响力。

有些"10万+"是带"毒"的

微信公众号"10万+"文章，如今成了很多媒体绕不过的门槛，有些更是把"10万+"作为考核内容好坏的重要标准。当下，碎片化的阅读习惯使受众更倾向于浏览具有"吸睛"标题的新闻。为了收获更多"10万+"或赚取更多流量，一些门户网站或社交媒体沦为"标题党"，以色情、暴力等敏感话题为噱头，甚至不惜扭曲事实，给社会造成巨大的负面影响。

凡事过犹不及。"10万+"也是分等级和价值的，内容的真假好坏，影响到的受众也会是"10万+"的量级。

流量至上导致虚假信息不断

当前，信息传播呈现出渠道多元化和传播主体多元化的特征，自媒体、社群、平台层出不穷，给虚假信息的传播提供了生存条件。

2015年6月24日，新媒体蓝皮书《中国新媒体发展报告No.6（2015）》指出，近六成假新闻首发于微博。

2016年春节期间，一篇《上海女孩跟男友回江西农村过年，因年夜饭太差分手》的文章在网上引发关注。之后，有网友将此事发至新浪微博，因多家新闻媒体转发，迅速成为热议话题。最终，经网络部门调查，证实此事从头到尾都是虚构的。

虚假信息产生的原因并不复杂。对社交媒体来说，点击量决定新闻热度，为了获得眼球经济和流量，一些人便不惜造假，同时，又因为受众个体难以求证事件的真实性，在转发分享中扩大了传播范围。

国家网信办和各地网信部门几乎每年都会依法处置一批违法违规的新媒体平台。事实证明，企图以突破底线来吸引眼球、换取流量的做法，行不通也走不远。只有切实负起把关责任，靠优质内容赢得流量，才能使新媒体平台获得健康发展。

流量至上导致反转新闻增多

除了虚假新闻不断，最近一两年，"反转新闻"也层出不穷。

2016年11月，《罗一笑，你给我站住》在微信朋友圈刷屏，感动了很多人，然而剧情很快反转，有人爆料当事人罗尔的家庭条件并不差，这是一场"带血的营销"，罗尔被贴上了"骗子"的标签。

今年5月，自媒体文章《王凤雅小朋友之死》成为舆论焦点。5月26日，界面新闻刊发了与王凤雅母亲的对话，回应了"诈捐""虐待""弃疗"等关键质疑。剧情反转，网友纷纷转发道歉。

"反转新闻"的出现，并不是因为新闻本身变得复杂了，而是新闻生产的方式被颠覆了。

在自媒体崛起的移动互联网时代，人人都可以拿着手机在微信、微博等社交媒体发布信息，然而对事实的探究和对真相的执着变得越来越稀缺。部分自媒体不问时间地点，不问前因后果，不问真假对错，急于抢新闻、博眼球，加上一些传统媒体也为了能蹭热点，进行简单的复制粘贴，助推了事态的扩散。这样急于求成的做法，最终伤害的是媒体的权威性和公信力。

流量至上导致"恶"趣味横行

内容生产比较特殊，在具体实践中有这样一种现象：好的文章，不一定有大的流量；有着"10万+"的流量，不代表内容能被肯定。互联网是个可以无限放大人性的地方，那些色情、暴力、八卦等内容，天然拥有巨大的市场，但是这些内容在给平台带来巨大流量的同时，也在一步步将平台推向深渊。

今年5月，"空姐乘顺风车遇害事件"引发舆论关注。

5月11日晚，杭州市二更网络科技有限公司旗下公号"二更食堂"在头条发布低俗文章，对事件进行不当描述，引起公众强烈反感。

5月12日，浙江省网信办会同杭州市网信办对微信公众号"二更食堂"负责人进行约谈。之后，在省、市网信办严格监督下，二更网络科技有限公司永久关停"二更食堂"公众号，免去事件直接责任人在公司的一切职务，解除劳动合同，解散"二更食堂"公众号13人运营团队。教训可谓深刻！

钱江晚报针对"二更事件"发表了特约评论员文章——《无良自媒

体，价值底线何在》。文章提道："一些自媒体基于'流量为王'的考量、对经济利益的追逐，底线完全被洞穿，连同情、恻隐等基本的人性都弃如敝屣了！"

任何一篇公开发表的文章都会引起相应的客观社会效果，因此，新闻媒体必须秉承负责任的态度。而对文章的负责，既包括事实层面的——求真务实，不造谣，不传谣，也包括价值导向层面的——积极、健康、向上。

强化定位，着力提升内容建设

近几年，媒体环境变化巨大。圈内人似乎都在说，传统媒体的日子不好过，导致很多媒体人出走。

但事实的另一面却是，在自媒体横行的当下，我们看到了数字背后的喧嚣和混乱，看到了事实和观点的混淆，看到了信息和娱乐的模糊甚至界限不分，主流媒体以及受过专业训练的职业媒体人从来没有像现在这样变得必不可少。

如何在流量至上的喧嚣中保持定力和洞见，切实承担起主流媒体的社会责任，提升社会影响力？钱江晚报做了一些探索——

不偏信"流量思维"，明确主流媒体角色定位

当前，我国正处在经济转轨与社会转型的特殊时期，一些转型期特

有的社会矛盾，往往成为网络议题设置的重点，譬如贫富分化、房价、资源分配不平衡、腐败问题等内容。网络言论制造者迎合转型期一些人内心的不安全感和不确定性，利用网民心理弱点，编造散布极具蛊惑性和危害性的议题，对社会造成的误导和破坏是不可估量的。

笔者认为，无论是传统媒体还是新媒体，"内容至上"都应该大于"流量至上"，内容产业不能偏信"流量思维"，而要多些引导和规范。

2016年9月12日，一篇名为《对不起，杭州你已高攀不起》的文章在杭州人的朋友圈病毒式传播。因为内容涉及杭州的住房、交通、教育、物价等诸多民生话题，点击量很快便突破10万。

这篇网文因为发布在杭州成功举办G20峰会之后，对于深爱这座城市的杭州市民来说，情绪复杂。有不少网友怀疑，这篇文章是营销号借机炒作。

钱江晚报经过调查发现，发布这篇文章的微信公众号主体是深圳某公司，在全国多个城市都有分支机构，先后发布了名为《对不起，××你已高攀不起》的系列文章，并在网上迅速蔓延。

钱江晚报记者赶赴深圳本部和杭州分公司采访，相关负责人承认，"炮制这篇文章，是想借G20这个热点，扩大公众号影响力。赚钱是营销号的主要目的"。

在调查的基础上，钱江晚报又刊发评论《所谓"高攀不起"，其实是在抹黑中国》，指出，"高攀不起"连环式网文，貌似以数据说话，其实是有意为之的精心策划。他们选取的是中国政治经济社会发展过程中的热点难点问题，有意渲染痛点，制造受众易于"共鸣"的槽点，从而病毒式地蔓延成群体性社会情绪。这种以利益为指向的背后动作，其实掩藏着的是对社会价值的误导，是抹黑中国的一种病毒植入。钱江晚报坚持正确的价值导向，通过调查，及时回应社会关切，有效阻止了不良信息的蔓延扩散。

加强内容建设，回归"深度"和"专业"

媒体圈的竞争，归根结底是内容的竞争，谁能持续不断生产出优质内容，谁就能在竞争中脱颖而出。

近两年，传统媒体遭遇了新媒体的阻击战，有不少传统媒体纷纷解散深度报道部，内容品质有所下滑。钱江晚报逆势而上，于2017年年初成立特别报道部，以每周四期的频率，追踪国内外热点事件、人物，进行了对各类新闻深度化操作的实践。成立一年半以来，共刊发深度报道400篇左右。

当前，越来越多的公民介入新闻生产的过程之中，海量信息快速传播，真相往往被包裹。钱江晚报此时成立特别报道部，正是基于目前媒体环境的现实，以专业主义的立场，面对社会热点问题，审慎追索、还原新闻事件真相。最近，钱江晚报又提出了"重建内容，重建连接"的内容生产理念。通过全方位、多维度发力，注重内容生产，提升影响力，力争达到重新连接党委政府、连接社会、连接企业的目标。8月6日，钱江晚报和淳安县委、县政府推出大型文化系列报道《新安何处》，探寻千年新安文化的基因和密码。本组报道将陆续推出50个篇章，以具体行动提升文化自觉、文化自信、文化担当。首期推出的5个版，被当地官方和民间争相收藏。

渠道发力，实施内容供给侧改革

在纸媒端发力的同时，钱江晚报也特别重视新媒体端的内容建设。"浙江24小时"作为钱江晚报的新闻客户端，目前总用户量为240万。第三方数据显示：在都市报客户端排名中，浙江24小时一直位居全国前三，浙江同类产品第一。

截至今年7月，钱江晚报官微已经产出65篇"10万+"，其中50篇左右是原创稿。人民日报、新华社等央媒官微经常转发钱江晚报的原创内容。

钱江晚报的微博粉丝数目前突破了550万。在一些重大突发事件报道中，传播优势明显。

钱江晚报旗下品牌"小时视频"，截至7月，共生产150条短视频，直播转播超过100场。在短视频方面，总播放量超过2亿，百万以上爆款48条，单片最高3500万。多次登上今日头条、梨视频等平台的媒体短视频榜单。

作为浙江省唯一的省级晚报，钱江晚报的内容生产始终秉承"心向读者、情系万家"的办报宗旨，坚持"向上、向善、向美"的核心价值导向。在新的传播格局下，纸媒端和新媒体端集团化作战已是大势所趋。以"泰国普吉岛沉船事件"报道为例，钱江晚报通过全媒体作战，打破报纸的时间流程和版面语言，以文字、图片、视频等多元呈现手段，多渠道、多角度立体分发原创内容，大大提高了新闻报道的时效性、准确性和到达率。

从报道效果看，钱江晚报官方微信连续8条稿件点击量突破10万，单篇阅读最高达119万，在腾讯企鹅号、今日头条、百度百家号等各大平台总阅读量破5000万。

支撑这组报道高阅读量的是速度、准确、全面和专业，其核心是钱江晚报始终不忘的正确价值导向。

对于灾难类报道，钱江晚报坚持以故事还原现场，以情感打动人心。钱江晚报的图文编排非常谨慎，标题更是反复斟酌，极力避免对遇难者家属构成二次伤害，引导公众客观看待灾难。

新闻之上，还有人道主义。数据证明，类似《只有一个救生圈，他递给了满脸是血的陌生女孩》等展现人性美好的正能量故事，一经推出，备受读者好评（微信阅读量达17万）。这充分体现了钱江晚报尊重生命、敬畏生命的人文关怀。

本次报道是多部门协同作战的一次大练兵，为今后的媒体融合报道提供了一个可供参考的样本。大众需要真相，读者需要思辨，优质内容，永远不会被自媒体炮制的"爆款"所取代。我们深信，只要坚持正确的价值导向，优化传播途径，持续生产高品质内容，就能在新的传播格局中赢得一席之地。

（作者系钱江晚报特别报道部副主任）

《新闻战线》（2018年第9期）

让青少年健康上网重在社会共治

王庆峰

互联网已经成为人们学习生活工作的重要平台，与此同时，网民"首次触网年龄"明显提前，青少年沉迷网瘾的现象屡见不鲜。在全国"两会"上，加强未成年人网络保护成为共识。代表委员纷纷建言，让青少年摆脱网瘾，健康上网。

当今这一代青少年被称为"网络原住民"，他们出生或成长在互联网时代，有不少甚至"还没学会认字，就先学会了上网"。毫无疑问，网络极大丰富了他们的生活，带来前所未有的便利性，但许多网络内容也具有碎片化、娱乐化特征，直接影响人们认识世界、看待世界和进行价值判断的方式。美国作家鲍雷林在《最愚蠢的一代》中用统计数据表明，美国的年青一代因为沉迷娱乐和时尚，整体素质下降，包括语言能力减弱、专注力丧失、学业规范薄弱、知识贫乏等。在我们这里，因为网络精准"投你所好"而沉迷网络的青少年也不在少数。卫健委曾多次指出，网络成瘾严重危害青少年身心健康，对家庭和社会造成危害。

青少年正处于身心发育、价值观养成的关键阶段，难以识别和抵制外界诱惑，因此正确引导至关重要，需要政府、企业、家长和学校联动治理。其中，政府负责框架设计，企业负责内容输出，这对营造天朗气清的网络环境具有关键作用。而网络生态日趋完善，能不能吸收好、利用好，则要看学校和家长在"最后一公里"的落实情况。有代表委员反映，学校禁用手机、企业限制时长，都不能阻止一些学生以"学习"的名义玩游戏。有的家长甚至把手机当作"电子保姆"，用来帮孩子打发时间。引导青少年正确使用网络，固然是方方面面的工作，然而上述问题的存在，说明我们在基础教育环节上还有不小的改善空间。

曾有记者采访留守儿童，结果被反问："不玩手机还能玩啥？"换个角度想，是不是现实中有更好玩的，青少年就会离手机远一点？答案是肯定的。今年2月，中国青少年研究中心发布的《中小学生网络游戏的认知、态度、行为研究报告》显示，亲子关系对网络使用具有显著影响。根据调查，容易产生网瘾的青少年，家庭关系或多或少存在问题：有的家长不了解孩子，也缺乏了解的兴趣；有的不会引导，或用手机哄孩子，或用暴力控制玩手机；有的家长没有做好表率，孩子做作业，家长自己就在一边玩手机。社会心理学认为，青少年沉迷网络可以看作对现实生活的补偿。那么究竟补偿的是什么，不是一目了然吗？

网络本身是没有价值判断的，也不必当作洪水猛兽。但现在出现一种情况，当自己的孩子沉迷网络，许多家长就把责任归咎于网络乌烟瘴气、企业不负责任。这当然有一定道理，但也要看到，面对同样的网络环境，为什么有的人能严格自律并能正确用好网络？与其一味抱怨，不如奋起而为，多些问题意识和反省意识。对学校来说，应该加强未成年人网络素养教育，教育学生正确对待网络、学会规避风险和预防沉迷；对家长来说，应该学会跟孩子沟通，管理好孩子的手机使用、游戏时长，正确发挥出"家庭补偿"的作用。

总之，对于青少年沉迷网络，基础教育虽然不是解决问题的万能灵药，但却是我们力所能及的，也是能够立竿见影的。在社会共治的进程中，我们呼吁一个良好的网络生态，也要重视基础教育的作用。

《南方日报》（2019年03月14日　A05版）

中国好网民:建设网络强国的重要基石

肖铁岩

【导语】 在中国特色社会主义进入新时代的当下,我们的网络空间越来越清朗,好网民越来越多地涌现出来,争做中国好网民工程已经显现出其实实在在且日益明显的作用。

中国互联网络信息中心(CNNIC)发布的第41次《中国互联网络发展状况统计报告》披露,截至2017年12月,我国网民规模达7.72亿,互联网普及率为55.8%。事实上,在我国,网民与国民已经高度重叠。虚拟网络空间中网民的生活、学习、工作和思想等各方面状况反映了现实生活中国民的生活、学习、工作和思想等各方面状况。正如习近平总书记所说,网民来自老百姓,老百姓上了网,民意也就上了网。因此,网络生态在相当高的程度上反映了社会生态,培育好网民就是培育好国民。

建设网络强国需要中国好网民

党的十九大报告对决胜全面建成小康社会、开启全面建设社会主义现代化国家新征程做出全面部署，强调"从全面建成小康社会到基本实现现代化，再到全面建成社会主义现代化强国，是新时代中国特色社会主义发展的战略安排"。基于我们的历史经验，我们知道，党所领导的事业必定会取得成功。同样基于我们的历史经验，我们还知道，社会主义现代化强国绝不是轻轻松松、敲锣打鼓就能实现的。要建设社会主义现代化强国，既要建设工业强国、科技强国、文化强国、军事强国，还必须建设网络强国。并且，必须按照习近平总书记所说，建设网络强国的战略部署要与"两个一百年"奋斗目标同步推进。

中国网民中的大多数正是国家发展建设各个岗位上的奋斗者，正是建设社会主义现代化强国的生力军和主力军。这一支数量庞大的生力军和主力军是不是立志于高举习近平新时代中国特色社会主义思想伟大旗帜，在我国决胜全面建成小康社会，夺取新时代中国特色社会主义伟大胜利的伟大征程中，为实现中华民族伟大复兴的中国梦而不懈奋斗的"好网民"，决定着社会主义网络强国建设的成败。当今时代，互联网如同蒸汽机、电一样，是推动社会发生革命性进步的新的强有力的工具。能创造性地运用新工具的劳动者才是推动历史前进的真正动力。我国网民数量大、网络基础设施多、网络应用广泛等已经在全球范围内传为美谈的种种事物，都只是体现我国已经成为网络大国，亿万高素质的中国好网民才是社会主义网络强国扎实可靠的重要基石。

培育是中国好网民成长的必要过程

孩子没有家庭、学校和社会的培养教育，不可能自然而然地成长为有出息的国家栋梁，网民也不可能在互联网上自然而然地变成"好网民"。从网民到"好网民"必须经过有意识地培育过程。这个过程既包括"培养"，也包括"教育"。"培养"主要是为网民的健康成长提供良好的条件和环境，"教育"主要是对网民的健康成长进行正确的引导。

培育中国好网民需要网民个人、社会和学校共同努力。网民个人有成为好网民的自觉是成长为好网民的先决条件。装睡的人是叫不醒的，没有网民个人的主观努力，"好网民"不会从天上掉下来。社会的影响主要表现在政府职能部门、互联网企业和以众多网络社群为代表的网络组织方面。政府职能部门应做好顶层设计，加强对互联网的规范管理，对互联网企业和网民个人实施奖优惩劣等，引导广大网民向好网民的目标成长。互联网企业在为网民提供网络服务的过程中要遵纪守法，不仅要为网民提供健康向上的网络产品，主动积极地弘扬社会主义核心价值观，而且要将对网民实施提高网络素养的教育嵌入服务网民的过程（内容）中。绝大多数活跃网民都会加入一个甚至多个网络"群"中。这些以网络自组织表现出来的网络社群就是一些大大小小的"网民之家"，它不仅为网民提供进行生活、学习和工作交流的场所，还应当是网民自我教育、相互教育的良好平台。当每一个这样的"网民之家"都健康运行时，整个网络的生态就会是良性的。

学校在培育中国好网民"大业"中的作用非常独特。一方面，学校本就是从事教育的专门机构，另一方面，唯有学校能够做到对网民"全覆盖"。在义务教育已经普及、高等教育已经进入大众化时代的中国，几乎所有网民都曾经或者正在接受学校教育。因此，各级各类学校都应当充分认识到培育中国好网民是培养社会主义事业建设者和接班人的重要内容，从而义不容辞地承担起"网民教育"的责任。

清朗网络空间是培育中国好网民的基础环境

"网络空间是亿万民众共同的精神家园。"然而，如同现实生活中的环境很容易被污染一样，互联网这个虚拟但不可或缺的环境也逐渐被有意无意地污染着。被污染的现实生活环境给人们带来了极大的负面影响，同样，遭受污染的"精神家园"也必将给广大网民带来极大的负面影响，并进而将这些负面影响传递到现实生活和工作中。

比如，互联网上传播着不少被网民称为"三观不正"的信息。这些用网络文章、视频、漫画、段子等各种网民喜闻乐见的形式包装起来的信息，很容易使得一些分辨能力不强的网民价值观扭曲。而这些价值观被扭曲的网民显然难以客观、全面和正确地观察、分析和处理在现实生活和工作中所面临的纷繁复杂的事物。被污染的网络在造成虚拟空间混乱的同时，必定会造成现实生活和工作的混乱，从而阻碍建设社会主义现代化强国的伟大征程。污浊的生活环境中不可能培育出具有健康体魄的劳动者，污浊的网络空间也绝不可能培育出高素质的"好网民"。因此，清朗网络空间是培育建设社会主义现代化强国生力军——中国好网民的基础环境。正如习近平总书记指出的,网络空间天朗气清、生态良好,符合人民利益。网络空间乌烟瘴气、生态恶化,不符合人民利益。

因此,营造清朗网络空间是培育中国好网民的关键环节。网络空间是网民共同建设和维护的,清朗网络空间必然需要网民自己来营造。显然,清朗网络空间与中国好网民是相互依存、相互促进的两个方面。在中国特色社会主义进入新时代的当下,我们的网络空间越来越清朗,好网民越来越多地涌现出来,争做中国好网民工程已经显现出其实实在在且日益明显的作用。尽管还有很大的提升空间,但清朗网络空间与培育中国好网民已经进入了良性循环互动过程。中国互联网的明天会更好!

(肖铁岩:重庆大学马克思主义学院院长、教授、博导,全国高校校园网站联盟副理事长兼网络思政工作专委会主任)

《网络传播》(2018年第2期)

搜索引擎应把公益性与服务性放在首位

孝金波

近日,一篇《搜索引擎百度已死》文章引发社会关注,因涉及"带有公众属性的搜索引擎可否对自家百家号优先推荐"问题,当事方以及媒体、网民各执一词。2019年1月23日,百度方回应称"问心无愧"。经检索关键词比较,除百度之外,搜狗、360等搜索引擎也在优先推荐自家产品。对此,专家称,当一个企业处于行业领先时,必须要有更大的社会责任和担当。搜索服务把服务做成"私家花园",既不符合公共利益需求,也不符合《网络安全法》《互联网信息服务管理规定》基本要求。更有专家指出,百度的问题,其实目前很多大的互联网平台都存在,他们为维护自身市场优势地位,正纷纷"画地为牢",平台内自我导流,对竞争对手选择性屏蔽,排斥第三方搜索引擎内容的自由抓取。这种行为正动摇互联互通这一互联网的根本基石。

百度搜索将流量引向自家产品　引各方吐槽

《搜索引擎百度已死》文中写道：近来用百度搜索第一页看到的结果，基本上有一半以上会指向百度自家产品，尤其频繁出现的是其自媒体平台"百家号"，其内容包罗万象，但质量堪忧。百度不再是探索中文互联网的入口，已经可以改名为"百家号站内搜索"了。

该文章引发了众多共鸣，网民苏泽瑞称："我自己平时基本不用百度，搜索信息太杂乱且低效。流量时代，百度有权利有选择性地给用户提供搜索内容来扩大自己的流量，但是用户也会去衡量是否继续使用百度，其他搜索行业也会择机而上。"有媒体人留言称自己的文章被别人百家号转发后，搜索呈现只有百家号内容，自己网站根本无法享受内容流量红利。也有百家号的作者认为平台审核比较严苛，因有传统媒体和官方机构入驻，质量也相对靠谱，并用微信、淘宝等产品对比评价，"无须登录的百度开放性远超同行"。

2019年1月23日，百度回应称，百家号是提升百度APP内容生态体验的一个重要举措，目前在百度搜索结果中，百家号内容全站占比小于10%。当日举行的百家号2019内容创作者盛典上，百度副总裁沈抖表示"问心无愧"："在PC时代，百度在标准浏览器上可以没有障碍地访问任何网站的内容，但是到了移动互联网时代，很多内容被封锁在APP内，使得访问更加困难，所以才推出百家号、百度智能小程序，希望扭转这一局面。"目前，百度APP日活已经达到1.6亿，信息流日均推荐量超150亿，百家号内容创作者突破190万。

事实上，普通网民搜索信息，就是希望得到最准确最权威的信息，最好他要找的就呈现在搜索结果首页头条。所以，百度在避谈搜索结果"百家号首页占比"的情况下，辩解"全站占比小于10%"，并不能掩盖搜索体验弱化的事实。

"新闻"变"资讯" 百度"圈地"转型

1月25日，有报道称，百度对搜索引擎进行微调，直接把网址盖起来，资讯的搜索结果中不再包含网页地址，而是采用媒体的名称代替。也就是说，网民无法直接分辨出搜索结果是来自网站或百家号。比如，cnBeta报道中点评的："失去了网页地址的搜索结果会让用户需要打开链接才能看清它来源于哪个网站，增加了一些不便，如下图，在搜索'华为'关键词的时候，已经完全分不清是外部站点内容还是存放在百度本身的内容了。"

虽然百家号的搜索权重提高系因"按照优质内容排序"，但百度作为平台仍然无法做到完全把关，自媒体中存在着抄袭洗稿甚至错误的问题。比如，2018年已揭露"酸碱体质理论骗局"，用百度搜索"酸性体质"关键词时，在资讯栏"按焦点排序"中前5页全部为百家号内容，而排在首位的1月16日的文章《酸性体质是百病之源 2018年最唬人的健康谣言，转给家里老人知道》，是一个名为"专注气象信息追踪"的自媒体百家号，而且没有标明文章的出处。经记者查找，这篇文章实为《健康时报》的微信公众号在1月15日推出的稿件。也就是说，百度资讯排行第一位的是一篇自媒体抄袭健康时报的稿子。与此同时，搜索排序第五名，《酸性体质别想生儿子，准妈妈要告别这些坏习惯！》仍在借此谬论来做文章。

回顾整个事件，这应与百度构建内容平台的转型密不可分。2016年，百度启动百家号。2018年8月，百度搜索中"百度新闻"栏目悄然改成"百度资讯"，搜索结果也发生了重大变化，由原来的以门户、传统媒体为主的呈现结果，变成了以百家号为主的结果。当时有自媒体评价称"百度将百家号的权重提高到与传统媒体一样的地位。百家号将迅速成长，很可能成为第一大自媒体平台"。

2017年7月，百度推出了新搜索APP"简单搜索"，李彦宏曾介绍，"简单搜索在搜索结果里面永远不放广告"。但是，这个清爽的搜索引擎只有手机版。也就是说，在百度的逻辑中，PC端用户只能默默忍受广告、大量的自媒体信息以及这样的后果——你以为登录的是偌大的互联网，其实只是百度的桌面客户端。

2018年，百度公司营收突破千亿，李彦宏公布了24字百度愿景：成为最懂用户，并能帮助人们成长的全球顶级高科技公司。他在对内部的公开信中说："19年前百度在中关村起步时，我们的目标很清楚，就是要做出一个让用户真正觉得好用的搜索引擎……"

19年过去了，希望"最懂用户"的百度，显然已经背离了初心。

公众知道微信里只能搜公众号文章，淘宝只能搜淘宝货品，但是公众不知道，百度里也快只有百度了。

搜索引擎应把公益性与服务性放在首位

新浪科技推出的相关调查中，截至1月30日15时，有14917人参与，在"觉得百度搜索用着怎么样"问题中，有共计38.63%的人选择了正面的评价"非常好用""好用"；38.99%的人选择了"难用""非常难用"。有49.61%的人表示"还会继续用百度搜索"。调查显示，"平时都用哪些搜索引擎"这个问题中，百度稳居首位，占46.81%，排名后面的依次为谷歌（19.13%）、搜狗（10.14%）、360（10.09%）、必应Bing（10.15%）、其他（3.68%）。

用户通过百度搜索关键词，并非仅是希望看到百度自家产品，而是想通过百度搜索这扇门进入广阔的中文互联网空间。一家产品再一枝独秀，也比不上万紫千红，这也是搜索引擎存在的意义。因用户怀有这样的期许，百度的"圈地"调整，才会引发"公共属性"的争议。

那么公众是否对搜索引擎本身寄予了过高的期待呢？在同样的关键词下，记者查阅了百度搜索电脑端的"网站""资讯"以及百度客户端的前十条，大多数为百度自家产品。在必应Bing的前十条结果中，对各网站的呈现比较均衡。在搜狗搜索的结果中，大约有三分之一是自家内容，如"搜狗百科""搜狐号""搜狗明医""搜狗问问"等。在360搜索结果中，对"360百科""快资讯"以及二级搜索"图片""视频""良医"的推荐力度较大。结果表明，除了百度以外，其他搜索引擎也同样有倾向性地推荐自己的内容产品。这也就必然导致通过这些搜索引擎查阅信息的人，优先看到的是搜索引擎的自家产品，而并不是根据"网站

PR 值"或者"有效性"的公平推荐。一旦这些自家信息存在低质甚至其他问题，潜移默化之下，公众避无可避。

1月2日，国家互联网信息办公室指导北京市互联网信息办公室，针对百度部分产品和频道传播低俗庸俗信息、严重破坏网上舆论生态等问题，约谈百度相关负责人，责令立即全面深入整改。整改期间，百度手机网页版、百度新闻客户端"推荐频道"、百度APP"女人频道""搞笑频道""情感频道"自1月3日15时起暂停更新一周。当时百度相关负责人表示，将严格落实网信部门约谈要求，依法办网，切实履行主体责任，加强网络生态治理。

针对此次的"百度"事件，记者采访了业内专家。一位不愿透露姓名的专家点评："百度为什么这么做？是不是有更深层次的原因？比如搜索在PC时代是互联网信息导航，现在到了移动APP时代，搜索搜不到了，而且各大平台通过做'号'，把内容导入了各自的生态圈。实际上，百度有它的无奈，这个无奈从它做百家号、熊掌号就开始了。"各家平台的信息壁垒是否存在呢？记者分别搜索了头条号、微信公众号、企鹅号、UC大鱼号、网易号、搜狐号等标记原创的一些自媒体内容发现，百度搜索的确很难顺畅地搜到始发链接。而持同类观点的，还有博客网创始人、互联网实验室董事长方兴东，他在《环球时报》发表了看法：近年来，随着微信、微博、淘宝、今日头条、抖音等拥有强大用户群体和内容生产能力的平台之间竞争日趋激烈，我们观察到一种趋势——各平台间为维护自身市场优势地位，正纷纷"画地为牢"，平台内自我导流，对竞争对手选择性屏蔽，排斥第三方搜索引擎内容的自由抓取。这种行为正在动摇互联互通这一互联网的根本基石。

中国社科院新闻与传播研究所副研究员雷霞表示，在新媒体时代，大家获取资讯最主要的途径之一就是通过网络搜索，而百度搜索是用户依赖度很高的搜索引擎。所以社会责任意识是必须和首要的，要给大家推送准确和值得推送的信息。但是什么样的信息是准确和值得推送的呢？一是信息本身有很强的确定性，避免虚假信息；二是无论导入的是不是百家号，都应是基于算法基础和用户需求的推荐，而不是基于盈利目的的广告式导入；三是便捷直达，而不是用户在很多相关信息中再进行大量筛选；四是搜索引擎在某种意义上来说，相当于是互联网的入口，不能只推送百家号而造成对其他网站的流量拦截。当一个企业处于行业领先时，必须要有更大的社会责任和担当。

传播学博士、中国传媒大学曹培鑫教授认为，这次事件说明百度作为有重要影响力的传播机构，过于强调经济属性，而忽视了公共属性（真实、客观、服务等特性）和政治属性（宣扬诚实、守信等公序良俗）。因此，我们应该反思的是，针对百度等新媒体机构的管理制度和法规制定，应该如何不断改进，才能督促其更好地平衡三种属性的关系。

中国社会科学院新闻与传播研究所新闻学研究室主任、研究员黄楚新表示，基于用户与搜索引擎服务商之间的关系而言，既然百度通过搜索引擎来提高网页点击量、赚取高额的广告费用，就有义务向使用者提供更加安全高效的搜索引擎服务；百家号上的内容缺乏把关人监督，大量虚假有害信息充斥其中，损害了消费者利益。这就会产生两方面的后果。一是百家号的虚假有害信息将损害社会秩序，阻碍"天朗气清"的网络空间建设;二是对百度公司的形象也是一种损害。在网络世界,搜索引擎是文化交流传播的重要基础工程,因此要把公益性与服务性放在首位。具体而言,就是在用户使用的过程中不应有"倾向性",涉及自身商业利益的因素不能在这个过程中呼风唤雨。相关部门应该从信息采集、软件开发与搜索机制的设置等方面加以规范和协调,尽早建立一个通用的、合理的、规范的网络信息资源搜索体系。据了解,早在2002年,美国、欧盟各国就纷纷以行业规范与法规等形式,促进搜索引擎的公正和客观,形成完整的行业标准。

从社会管理方面看,如果只给公众优先推荐自媒体内容会影响到主流媒体的发声效果。以百家号为代表的某些自媒体,由于参与舆论表达的主体缺乏良好的媒介素养,加之监管的缺失,无法对某个新闻事件的真实性进行正确的甄别,其危害显而易见。长此以往,势必会导致主流舆论引导工作效率低下甚至无效,降低政府公信力,削弱主流媒体对社会舆论引导。百家号由于长期缺乏来自政府与企业的监管,自媒体间的抄袭等各种乱象充斥其中。这种情况一方面损害了原作者的经济利益,另一方面助长了文章抄袭、洗稿等歪风,挫伤了众多原创内容生产者的创作积极性。

中国传媒大学政治与法律学院副院长、教授王四新表示,对任何使用它的人来讲,搜索引擎都是把他引向求知、未知和外部世界信息窗口,是信息和价值观聚合平台。作为中国最大的搜索服务提供者,让互联网用户借助搜索服务得到精准、客观、全面、权威的信息服务,是服务提供者应当履行的法律义务,也是国家、社会和用户等对服务商提出的基本要求。搜索引擎应该更注重自己承担的公共服务功能。如果为了自己的私利，将搜索服务的"肥水"通过各种方式导入自己的"一亩三分地"，已经严重偏离了搜索服务应当走的"大道"。

其次，搜索服务把网络空间的信息，通过自己的技术进行抓取、聚合、分类等，再根据用户的需要进行分发。这就注定搜索服务提供者应当本着客观的态度，公正、公平对待任何第三方在网络空间提供的信息产品、信息内容。如果搜索服务利用自己的技术和平台优势，利用人们对搜索服务的"刚需"而积累起来的信任，利用自己在市场上所处的支配性地位，直接或变相兜售自己的内容，相当于既当运动员又当裁判，违背基本的程序正义。

最后，搜索服务虽然不直接提供信息服务，但对用户能够接触到什么样的信息，具有先在、隐性的决定作用，是用户寻求、接受和传播各类信息的导引和基础。在这种情况下，搜索服务更应当符合法律、道德等对信息内容的基本要求，讲政治导向、讲社会主义核心价值观。搜索服务把服务做成"私家花园"，是不符合《网络安全法》《互联网信息搜索服务管理规定》的基本要求的。

国家互联网信息办公室发布的《互联网信息搜索服务管理规定》中明确要求："互联网信息搜索服务提供者应当提供客观、公正、权威的搜索结果，不得损害国家利益、公共利益，以及公民、法人和其他组织的合法权益。"

习近平总书记说，互联互通是互联网的本质，网络空间是亿万民众共同的精神家园，每个参与者都有义务使这个精神家园更好。搜索列表

"加塞儿"的做法,损害人们使用互联网的幸福感、获得感,败坏网络空间的氛围,不符合国家法律的相关规定,监管机构、服务提供者和用户,应当通力协作改变这种现状。

(作者系人民网记者)

(2019年01月30日发布于人民网)

网络视听：让创优成为常态

杨伟东

■ 内容平台不能纯粹追求用户规模和商业变现，必须要把握内容方向，用好数据和算法，传递主流价值观。

网络视听节目是当前最重要的内容品类之一，也是创新最活跃的文化领域。面对大发展和新挑战，网络视听行业亟待建立全局观、全球观和未来观，以明确方向感和积极心态迎接未来挑战，迎接新的繁荣。

首先是全局观。文化内容作用于人的精神世界，潜在影响人们认识世界的态度方式乃至生活选择，如果只看重"消费行为"而无视"消费结果"，炮制就会取代匠心，狭隘就会遮蔽全局。改革开放40年，我们已经进入新时代，文化内容创作生产者要有全局观，尤其要坚守社会主义核心价值观。

在网络视听行业，内容平台和纯粹强调用户规模的互联网工具型平台并不完全相同，工具型平台强调便捷性、用户体验，需要以此为主要标准不断地提炼、加速和迭代。内容平台当然也追求用户规模和创新用户体验，但我们一定要认识到，这个行业不能纯粹追求用户规模和商业变现，必须要把握内容方向，用好数据和算法，传递主流价值观，这是内容平台应该承担的社会责任。

即便纯粹从经济效益出发，今天的网络视听行业也无法仅仅通过会员模式和广告模式去消化它创造的注意力和眼球关注度，这并不足以支撑内容有足够的投入产出比，必须对内容进行前置性的产业化考量，换句话说，只有内容价值经得起检视，产业之路才能走得更远。

其次是全球观。当下国内视听行业的市场竞争其实是让我们自己成长强大的过程，未来更大竞争来自海外，中国网络视听行业未来目标一定是全球市场。这需要"引进来"和"走出去"，一方面我们要利用好国际文娱市场的工业机制，另一方面也要利用好中国互联网产业的先发优势，坚持原创是核心竞争力，争取换道超车。今年业界提出"数字工业化"就是希望能够把国外经过近百年时间打造的文娱工业体系与中国移动互联网技术创新结合，做出更优质、更有全球竞争力的内容产品。

我国文化行业还应当树立全球竞争意识，及时掌握国际文化市场中内容、技术和创新方向，争取在此基础上做到进一步赋能和创新。过去一年，网络视听行业越来越倾向于把资源放到原创内容的策划和开发上，也取得了一定的阶段性成果，一批优质网络剧和网络综艺节目成功输出海外。值得一提的是，已经有我国原创综艺节目模式被国际传媒巨头买下。尽管这些案例都是点状的全球化，离线状和面状的全球化仍有距离，但也意味着我们已经开始突破单向引进的局面，逐渐实现对外传播，意味着我们有条件设定全球化目标，生产出在全球有竞争力的内容，对外传播中国优秀文化。我们希望通过不断地创新、突破步步为营，为整个中国文化产业塑造国际影响力做出一份贡献。

最后是未来观。用未来的方法解决今天的问题。网络视听绝不是简单将以往的电视内容搬到网络上来，而是以技术创新为支点，为内容产业赋能并创造增量。具体而言就是融合大数据，辅以分析模型和人工智能，在内容生产的每个环节都发挥价值和作用。在4K和5G商业化到来之前做好准备，对整个内容生产环节做点状到线状再到全面的创新。这也是全球竞争的机会，因为我国移动互联网与内容产业的紧密程度远远高于世界其他国家。

说到底，还是要提供"一同三新"的网络视听内容。"一同"是同一视听管理标准；"三新"是新视听、新故事和新知识，即给观众新的视听审美、新的叙述方式和新的知识信息。以前我们在这方面走了不少弯路，交了不少学费，也由此认识到，做到"三新"中的任何一新都能为内容增加亮色，但我们需要坚持更加严格的标准，必须同时做到"一同三新"，才能为用户和行业输送极致内容。培养持续创造优质增量的能力，让创优成为常态，满足海内外用户的文化需求，我国网络视听行业要苦练内功，冲击新的高峰。

（作者系阿里巴巴文娱集团轮值总裁兼优酷总裁）
《人民日报》（2018年11月06日　23版）

构建互联网时代美育新格局

胡一峰

互联网时代的美育应该是一场全感官发动、全身心投入的沉浸式体验，这需要整合网上网下美育资源，在中华美育精神指引下，结合当代中国人审美和人格完善内在需求，遵循美育规律，构建扎根时代生活的美育大格局。

中华民族自古重视美育对人的全面发展和社会进步的重要意义，我国古代思想家赋予其以礼乐家国天下等内涵。20世纪初，现代美育概念引入中国，中国美育先行者把美育纳入民族复兴、文明传承的大格局中。现代意义上的"美育"在中国已经走过了一个多世纪，人们越来越意识到，美育对塑造美好心灵具有重要作用，关乎时代新人培育，关乎祖国和社会未来。互联网时代的到来更让美育面临一场全新变革与挑战。伴随中华民族伟大复兴的铿锵足音，美育走到一个崭新的历史关口，需要重新审视和思考。

美育生态正经历深刻的重构

互联网推动世界产生巨大变革。在互联网影响下，世界以一种崭新样态呈现于世人面前，伴随新的生活样式和文化样式兴起，不仅如何欣赏美、接受美有了新的答案，就连什么是美本身也面临重新定义。正如传播学家麦克卢汉所言，任何技术都逐渐创造出一种全新的人的环境。互联网也将成为美育史上界碑式的标志物。互联网给美育带来的变化是多方面的。比如，它带来的新的观念和思维方式充实和革新着美育理念；它营造的虚拟环境改变着美育氛围和组织形式；它作为一种社交工具和艺术手段，催生出全新的文艺作品和文艺现象、文化活动和文化群落，更丰富了美育的手段和资源。简而言之，在互联网时代，整个美育生态正经历着深刻重构。

移动互联网的发展和智能手机的普及，进一步让生活空间与美育空间相互渗透融合，这对美育整体形态产生重要影响。打开手机，连上网络，千里之外的博物馆、艺术馆乃至名山大川近在咫尺，百年之前的图像、声响复现于当下；恢宏巨制的艺术杰作细部之精微一览无余；藏于深宫大院的珍品走入寻常百姓"屏"，日常景象之美的内涵得到专业解读；静止的美术、书法、雕塑流动起来，流动的戏剧、舞蹈、影视却可定格细赏。这不但突破传统美育的空间隔阂、技术限制和观念束缚，而且提升人们接受美的陶冶时间、频次和黏性。

更重要的是，随着美育格局在互联网时代的全新开拓，美育所给予人的，除了情感陶冶、品位塑造外，还有人类意识、天下关怀以及对文明多样性的尊重、欣赏与接纳。借助互联网构造的"万有相通"世界，美育超越个人甚至国家，进入对人类命运共同体的体悟与思考，致力于为人类面临的普遍情感冲突和心灵危机提供方案。从这个意义上说，互联网时代美育生态的重构，为我们把"大美育"的设想变为现实提供可能，并将最终导向"各美其美，美人之美，美美与共，天下大同"的理想之境。

美育意识觉醒与主体重塑

如果把20世纪初期"美育"概念在中国的兴起视为现代美育意识的一次觉醒，那么在当下艺术大众化、生活化趋势下，互联网技术的蓬勃发展正在推动美育意识的再次觉醒，而且这一次觉醒更加自觉和主动。据统计，截至2018年6月，我国网民规模为8.02亿，其中手机网民7.88亿。对于这个规模庞大的群体而言，网络不仅构成表层、世俗意义上生活的一部分，而且与沉浸其中之人的心理状态、趣味爱好、思想情感紧密结合。在这个被网络改变的世界中，网民既是接受者也是传播者。网络强烈的交互特性和参与感，改变着传统的美育关系，拉近乃至消弭美育主体与对象之间的距离，促使最广泛的社会成员主动唤醒自己美的意识并自塑为美育主体，通过丰富多彩的审美活动实现人格的自我完善和心灵解放。

互联网对世界和生活的改变是总体性的，而且随着虚拟世界与现实世界交融互渗程度的加深，网络对现实的"反哺"作用也渐趋明显。因网而生、伴网而生的文化形态和文化元素,正在强劲地向传统文化样式扩散,甚至成为后者创新发展的动力和源泉。近代哲学家李石岑曾说:"美育之解释不一,然不离乎审美心之养成。进一步言之,即为美的情操之陶冶。"作为科技进步新成果的互联网,其诞生与发展不仅闪耀着人类理性的光辉,本身也具有美感和诗意,包括以自己的方式诠释着对称、守恒、和谐、沟通之美。更何况,互联网深入发展特别是与文艺携手并进,又让人类的感性力量得以空前发达,这不但使人在表达对世界的感受以及内心情感时,获得前所未有的丰富手段和广阔空间,而且也丰润着人的感性世界本身。从这个意义上说,即便是与互联网"绝缘"的人,身处当今之世,也无法自外于网络之影响。

互联网时代的美育比以往更具有自我教育特征,因而更加多样化,个体的审美偏好比以往也得到更多确认和放大。发挥网络生活特别是网络文化的美育功能,应该尊重个性,鼓励人们在恪守道德良知底线的基础上勇于探索、发现和创造属于自己的美,通过沟通、交流和对话得到情感陶冶和心灵净化。人们在以更加广泛和便捷的方式组织起来后,相同的人生趣味和美学品位也更容易成为人群的纽带,当人以"美"而聚成为现实,新兴的美育聚落在网络空间星罗棋布,从而臻于"独乐乐不如众乐乐"之畅达。

不过,互联网是一把双刃剑。网络空间里美的标准有时会陷入模糊,恶搞经典、戏谑传统、抹黑英雄、解构历史、消解神圣、拒绝崇高,以及语言暴力、格调低俗、简单复制、娱乐至死,片面追求消费快感和感官刺激等都对美育生态造成负面影响。这些问题如果得不到正视和解决,则有可能使人在消极审美体验的长期积累下,以丑为美,趋丑避美。因此,互联网时代美育同时要依法加强网络空间治理,用社会主义核心价值观和人类文明优秀成果加强网络内容建设,培养积极、健康、向上的网络文化,发挥互联网在价值引导、人文关怀、审美启迪等方面的正向作用,创造立德树人、以文化人、以美育人的清朗生态。

资源重组与沉浸式、场景化美育

"暮春者,春服既成,冠者五六人,童子六七人,浴乎沂,风乎舞雩,咏而归",表达了中国古贤的人生意趣,也描绘了古人向往的美育图景。美育在中国历史和文化语境中从来不是一技一艺的传习,也不是理论概念的记诵,而是全身心的文化沉浸和场景感受,因而具有总体性特征。与之相应,中国美育资源也包罗万象,皎皎明月、悠悠晴空、山峦溪流、市井勾栏,万事万物都拨动着人们的心绪。这是我国美育的特色和传统,应在新的时代条件下继承和弘扬,这就要求美育资源的重组。蔡元培在《美育实施的方法》中就提出过,美育要从家庭、学校、社会入手,社会美育又包括从美术馆、剧院到博物馆,从道路、建筑到公墓,真可谓方方面面,无所不包。时代在进步,今天我们必须把这份名单进一步延长,首要的显然是互联网。

互联网带来的变革也具有全方位和总体性特征,美育资源的重组也有多个层面。最基础的是传统美育资源的数字化,把诗歌、小说、歌曲、影像乃至文字、线条、色块、唱腔、旋律、镜头等转化为可在网络空间存储、再现和传输的形态，从而为互联网美育所用。进一步则是将那些因网而生的新的文化能力、文化样态和文化活动转化为美育资源。比如，动漫、网游等作为一种新兴的网络文艺形态已受到越来越多的人重视，但其美育价值还远未得到发掘。事实上，动漫、手游、网游以及各种新媒体艺术展等文化产品或活动，都给人以美的熏陶，并激发人对自然、历史、文化和生活的思考，无不具有美育意义。应该说，类似资源并非隐藏在网络世界深处不可捉摸，相反，它们完全体现在认识美、鉴赏美、创造美的网络活动之中，只是由于这种活动与我们固有的美育经验重叠较少，因而需要全新的眼光、思维和话语，方能加以认识、激活和运用。

值得强调的是，互联网的沉浸性特征，特别是随着5G技术取得实质进展，"在线"即"在场"趋于实现。美育资源重组不应满足于新老资源同步"在线"，而应令其真正"在场"，构筑场景式的美育空间。美育是情感的陶冶。而美育实践表明，相比于在一旁观察，参与艺术创造的体验更能让人抵达美育真谛。可以说，在互联网时代，真正具有时代精神的美育应该是一场全感官发动、全身心投入的沉浸式体验。这不但要求网上网下美育资源全面整合，而且要求在中华美育精神指引下，结合当代中国人审美和人格完善内在需求，遵循美育规律，以无比丰富的美育资源为依托，构建扎根时代生活的美育大格局。

半个多世纪前，美学家宗白华说："我们或许接触到美的力量，肯定了她的存在，而她的无限的丰富内容却是不断地待我们去发现。千百年来的诗人艺术家已经发现了不少，保藏在他们的作品里，千百年后的世界仍会有新的表现。每一个造出新节奏来的人，就是拓展了我们的感情并使它更为高明的人！"今天，凭借方兴未艾的互联网技术，我们更加自觉地为美的无限性和超越性而欣喜，孜孜不倦地探索美的力量，并用这种力量滋润人格，拓展情感，提升品位，强健精神，努力在新时代里做一个"造出新节奏"的人。

（作者单位：中国文联文艺评论中心）

《人民日报》（2019年03月12日 20版）

第三章

加强网上舆论阵地建设

要从维护国家政治安全、文化安全、意识形态安全的高度,加强网络内容建设,使全媒体传播在法治轨道上运行。

——习近平主持中共中央政治局第十二次集体学习并发表重要讲话

科学认识网络传播规律　努力提高用网治网水平

庄荣文

习近平总书记在全国宣传思想工作会议上的重要讲话,深刻分析了网络宣传舆论工作面临的新形势新任务,强调必须科学认识网络传播规律,准确把握网上舆情生成演化机制,不断推进工作理念、方法手段、载体渠道、制度机制创新,提高用网治网水平,使互联网这个最大变量变成事业发展的最大增量。这些重要论述,高屋建瓴、思想深邃,抓住根本、切中肯綮,为我们做好网络宣传舆论工作指明了前进方向、提供了基本遵循。

一

当今时代,互联网已成为人们生产、传播、获取信息的主渠道,社会动员能力越来越强,日益成为各类风险的传导器和放大器。谁掌握了互联网，谁就把握住了时代主动权；谁轻视互联网，谁就会被时代所抛弃。以信息技术为代表的新一轮科技革命给传统传播格局带来深刻影响和冲击，互联网的快速发展在更广范围推动着思想、文化、信息的传播和共享，媒体格局和舆论生态正在发生整体重塑，这些既给宣传思想工作带来新的机遇，也带来新的挑战。

比如，理论传播方面，多元多样多变的社会思潮通过互联网传播扩散，对思想理论传播格局和主流意识形态形成冲击，党的意识形态部门统一领导思想理论传播的难度加大，落实"两个巩固"的任务更加艰巨；正面宣传方面，新媒体迅速崛起，日益成为信息传播的主渠道主平台，对传统主流媒体传播力影响力的冲击难以避免，如何用好新媒体巩固壮大正面宣传成为重大课题；新闻报道方面，互联网、智能终端广泛普及，新媒体新技术新应用迭代升级，"人人都有麦克风"的现实颠覆了以采编权为中心的媒体管理方式，各类信息爆炸式增长、裂变式传播，提高新闻报道的传播力、引导力、影响力、公信力任务艰巨；社会舆论方面，网上舆论摆脱现实时间空间限制，对社会的影响力空前展现，各种力量在网上竞相发声，呈现突发性、多元性、交互性、冲突性、匿名性等特点，舆情风险极易扩大蔓延、形成声势；知识传播方面，互联网让信息以数字形式在全球范围内广泛汇集、自由流动，搜索引擎、网络百科、知识付费、问答社区等新模式超越人际传授、印刷品流通等，成为新的知识传播方式，但大量低俗信息、虚假信息、社会谣言等也夹杂其中、扩散蔓延；网络文化方面，互联网有力激发文化创造活力，网络文学、网络音乐、网络影视、网络游戏加快发展，网络直播、短视频等迅速崛起，但也存在着格调低下、低俗媚俗产品泛滥，消解社会主义核心价值观等问题；网络社交方面，我国已有8亿多网民，即时通信用户达7.56亿，网上聊天、网络交友、网络分享等成为人们日常交流交往的重要途径，社交平台掌握海量用户信息，社会动员功能不断增强；网络生态方面，网络空间成为亿万民众共同的精神家园，如何发挥网络特色、网络优势传播社会主义核心价值观，为广大网民特别是青少年构筑良好网络生态、营造清朗网络空间，成为摆在我们面前重大而紧迫的任务。

二

贯彻落实习近平总书记的重要讲话精神，科学认识网络传播规律，努力提高用网治网水平，最根本的是要深入学习贯彻党的十九大报告关于"牢牢掌握意识形态工作领导权""加强互联网内容建设，建立网络综合治理体系，营造清朗的网络空间"的重大部署，切实加快建立网络综合治理体系，提高综合治网能力，推动新时代网络宣传舆论工作再上新台阶。

坚持思想引领与政治领导相统一。提高新时代网络宣传舆论工作水平，理论武装是根本，政治领导是保证。充分发挥互联网的思想引领作用，切实加强和改进习近平新时代中国特色社会主义思想网上宣传，创新方式方法，进行靶向讲解，推动学习贯彻工作往深里走、往实里走、往心里走，自觉武装头脑、指导实践、推动工作，推动全党全社会把习近平新时代中国特色社会主义思想作为主心骨和定盘星，广泛凝聚全党全国各族人民实现"两个一百年"奋斗目标的思想共识和智慧力量。牢牢把握网络宣传舆论工作的政治导向，教育引导广大党员干部增强"四个意识"，坚定"四个自信"，坚决维护习近平总书记在党中央和全党的核心地位，坚决维护党中央权威和集中统一领导，在思想上政治上行动上同以习近平同志为核心的党中央保持高度一致，真正做到忠诚核心、拥戴核心、维护核心、紧跟核心。毫不动摇地坚持党管互联网，全面加强党对网络宣传舆论工作的集中统一领导，推动各地区各部门始终坚持正确的政治方向、舆论导向、价值取向，认真落实党委（党组）网络意识形态工作责任制，发挥优势，齐抓共管，把导向、管阵地、防风险、强队伍，做到网上网下目标一致、导向一致、标准一致，同频共振、相向而行、形成合力。

坚持弘扬正能量与抑制负因素相统一。提高新时代网络宣传舆论工作水平，正能量是总要求、管得住是硬道理，必须坚持用马克思主义占领网上阵地，牢牢掌握网络意识形态工作领导权。大力弘扬正能量，加强和改进网上正面宣传，深化中国特色社会主义和中国梦宣传教育，积极培育和践行社会主义核心价值观，培育积极健康、向上向善的网络文化，用社会主流思想价值和道德文化滋养人心、滋润社会。善于站在网民视角谋划网上正面宣传，推进网上宣传理念、内容、形式、方法、手段等创新，深耕信息内容，注重用户体验，力戒"虚"、务求"实"，使广大网民愿听愿看、爱听爱看，使党的主张春风化雨、润物无声。着力抑制负因素，建立健全网上风险防范机制，稳妥调控社会热点问题、敏感事件、突发事件等网上舆情，及时批驳网上错误思潮，坚决管控歪曲党史国史军史、否定党的领导和社会主义制度、攻击党的路线方针政策、诋毁党的领袖思想和形象等有害政治信息,全面清理网上谣言、暴恐音视频等有害信息。切实走好网上群众路线,发挥网络传播"互动、体验、分享"的优势,听民意、惠民生、解民忧,让互联网成为我们同群众交流沟通的新平台,成为了解群众、贴近群众、为群众排忧解难的新途径,成为发扬人民民主、接受人民监督的新渠道。坚持疏堵结合,对于网民正常表达的意见建议甚至尖锐批评,不能简单化处理,要有针对性地分析、研判和引导,对建设性意见要及时采纳,对困难要及时帮助,对不了解情况的要及时宣介,对模糊认识要及时廓清,对怨气怨言要及时化解,对错误看法要及时引导和纠正。

坚持属地管理与一体化管理相统一。互联网是一张网、网络宣传舆论工作是一盘棋,必须统筹好属地管理与全国一体化管理之间的关系,着力推动体制机制创新,在构建统一领导、分级负责、权责一致、监督有效的网信管理工作体系上实现新突破,全面提高网信工作的系统性、整体性和协同性。一方面,完善属地管理责任,创新属地管理模式,探索赋予省级网信部门在网络内容管理方面的权力与责任,同时强化对各地网信部门权力运行的监督,确保管网治网权力规范运行。压实互联网企业主体责任,坚持关口前移、源头治理,夯实内容管理"第一道防线"。另一方面,打破区域限制,深入研究和加快建立统揽互联网重点企业和重点平台的全国一体化网络舆情应急管理指挥体系,形成领导有力、指挥顺畅、行动高效的工作格局。坚持齐抓共管、强化协同治理,完善由网信部门牵头的网络治理领域协调机制建设,从互联网各领域各环节入手落实部门管理责任,在宣传部门指导下,与工信、公安、安全、文化、市场监管、广电等主管部门各司其职、密切配合,加大统筹协调力度,增强管理合力。

坚持技术管网与依法治网相统一。面对互联网新技术新应用新业态不断涌现给网络宣传舆论工作带来的严峻挑战,要占据信息化条件下用网治网的战略制高点,技术管网是关键,依法治网是保障。把以技术对技术、以技术管技术贯穿网络宣传舆论工作的全过程,善于运用新技术改进创新网络传播形式,完善传播效果评估系统,不断提升网上正面宣传的到达率、阅读率、点赞率;探索建设和完善具有前瞻性的高水平互联网舆情预警分析系统,及时发现网络敏感热点舆情,不断提升对网络现象级事件的研判分析,总结典型舆情传播规律;研发个性化推荐算法、短视频、网络直播、社交网络群圈等领域管理关键技术,坚决清除各类违法信息。互联网不是法外之地,要全面推进网络空间法治化进程,把依法治网作为用网治网的基本方略,加快推进网信法律体系建设,健全完善互联网领域法律法规,加强网络执法体系和能力建设,更多通过法治手段体现党管互联网要求、运用法治办法调节处理网上矛盾、依靠法治途径化解网上风险,推动依法管网、依法办网、依法上网,确保互联网在法治轨道上健康运行。

坚持主力军上主战场与打一场网络生态治理的人民战争相统一。互联网已经成为宣传舆论工作的主阵地、主战场、最前沿,掌握网络意识形态工作领导权,不仅要充分发挥广大党员干部、主流媒体编辑记者的主力军作用,推动主力军上主战场,更要充分发挥广大网民的主体作用,打一场网络生态治理的人民战争。积极推动媒体融合发展，发挥传统媒体和新兴媒体各自优势，实现优化整合、深度融合，打造精锐传播力量，让分散在网下的力量尽快进军网上、深入网上，培养更多主流媒体编辑记者成为网络"大V"，解决主力军作用发挥不够问题，开展好分众化、碎片化传播，赢得更多受众。不断推动信息内容、技术应用、平台终端、人才队伍、管理服务共享融通，向移动端倾斜，打造一批具有强大影响力、竞争力的新型主流媒体。网民是网络的主体，是用网治网最广泛、最深厚、最持久、最有创造力的根本力量。坚持积极服务网民、广泛动员网民、紧紧依靠网民，把广大网民力量调动起来，真正使广大网民成为正能量的生产者、传播者、引领者，让网民影响网民、让网民教育网民，引导网民自觉规范网络行为、净化网络环境，做到依法上网、文明上网、诚信上网、安全上网。

坚持对外开放与维护网络主权和安全相统一。信息传播无国界，网络空间有主权。习近平总书记强调，中国对外开放的大门不会关闭，只会越开越大。提高网络宣传舆论工作水平，既要积极扩大对外开放，推动网上信息依法自由有序流动，又要坚决维护国家网络主权，切实保障国家安全和人民利益。发挥网络联接中外、沟通世界的作用，主动宣介习近平新时代中国特色社会主义思想，主动讲好中国共产党治国理政的故事、中国人民奋斗圆梦的故事、中国坚持和平发展合作共赢的故事，让世界更好地了解中国；加强国际传播能力建设，创新宣传理念、创新运行机制、创新话语体系和表述方式，善用网络媒体、社交平台，精心设置议题、主动发布信息、加强解疑释惑，切实做到以理服人、以情动人，向世界展现真实、立体、全面的中国。深化网络宣传舆论工作国际交流合作，让互联网成为中国人民与各国人民增进情感的新桥梁、文化交流的新纽带、信息共享的新空间。尊重网络主权和保障国家安全是坚持开放合作的基本前提，必须尊重各国自主选择网络发展道路、网络管理模式、互联网公共政策和平等参与国际网络空间治理的权利，严格遵守各国的法律法规，不搞网络霸权，不干涉他国内政，不从事、纵容或支持危害他国国家安全的网络活动，共同构建和平、安全、开放、合作的网络空间，以推动构建网络空间命运共同体助力构建人类命运共同体。

（作者系中共中央宣传部副部长，中央网信办、国家网信办主任）

《求是》（2018年第18期）

以主流价值增强引导力

叶蓁蓁

进入新时代，以习近平同志为核心的党中央高度重视加强互联网内容建设，建立起了网络综合治理体系，营造了更加清朗的网络空间。党的十九大报告要求，提高新闻舆论传播力、引导力、影响力、公信力。"四力"是媒体忠实履行新闻舆论工作职责使命的保证，是主流媒体政治价值和社会价值的体现。其中，引导力通常被理解为新闻媒体生产与传播原创内容，或转发优质内容，引领群众认知、形成社会共识的能力。除此以外，主流媒体是否有通过其他途径，实现有效引导的可能性？在提升引导力方面，互联网给我们提供了什么样的现实条件和创新机遇？

抓住内容建设两端，提升新闻舆论引导力

内容建设既包括"建"，也包括"管"。网上内容建设一端是"顶部的优质内容",即不断利用新技术、新形式、新渠道生产并传播符合广大人民群众利益和社会长远发展的高品质内容;另一端是"底部的底线管理",即要及时滤除和屏蔽不良信息、发现并纠正错误观点。如今,很多大型网络平台都愿意将其内容数据库称作"内容池",池水清不清,不仅取决于注入了多少清水,还取决于截掉了多少浊水流入、开辟了多少污水治理方式。

相对于大众传播时代的"管",在大数据、云计算、人工智能兴起的时代,内容风险管控存在很多难点。

第一,内容类型杂。大众传播时代,报纸的内容无非是文字与图片,广播是音频,电视是视频和音频。在网络时代,特别是在移动互联网传播条件下,全媒体传播形态让内容类型复杂多样,生成了大量非结构数据,不仅对人工审核是一大难题,对"人工+机器"审核也构成挑战。例如,在视频的审核中,从按时间长度进行抽帧,发展为按场景变化比例进行抽帧,从理论设计到实践技术都需要改变。而要综合考虑文字、图片、音频、视频以及相关联内容的审核,无疑难上加难。无论是传统媒体机构,还是新兴网络平台,都面临难题。

第二,内容数量大。数据即新闻、信息流即新闻已经成为一种新现象,需要审核的内容数量激增。市场调研机构IDC预计,全球数据总量年增长率维持在50%左右,到2020年,全球数据总量将达到40ZB,相当于28.6亿个美国国会图书馆藏书的信息量。根据工信部副部长陈肇雄在"2018中国国际大数据产业博览会"开幕式上透露的数字,预计到2020年,我国数据总量全球占比将达20%。面对如此海量的信息内容，审核压力巨大。

第三，内容主体多。围绕不同生产者，出现了用户生产内容（UGC）、专业生产内容（PGC）、职业生产内容（OGC）、机器生产内容（MGC）。依托于网络平台提供的空间与技术，内容生产者队伍不断扩大，内容平台类型多样。微信公众号数量4000万个，抖音每日活跃用户接近7000万，每月活跃用户超过3亿，用户的"生产消费者"（prosumer）身份越来越明显，政府机构、商业机构、社会组织、个人在各种平台上竞技，生态多样复杂。内容生产和内容平台主体资质、责任的认定都更加复杂。

第四，效果预判难。以前报纸行业会强调版面也是语言，可以体现出报纸的立场、态度和情感。如今，特别是智能算法推荐技术引入后，不同类别信息根据个人特征有无数种排列组合结果，单条信息在审核时可能并不存在明显问题，但是多条信息组合后，就会显露出倾向，影响个人对社会的判断与认知，而效果难以预料。

这些难点和问题，使得内容管理成为网上内容建设的关键一环，地位越来越重要，不仅新闻媒体要担起责任，所有的信息聚合和分发平台也不能回避对于内容安全的责任，各网络平台内容的风险管理被放到了责任清单上史无前例的高度。

内容风险管控平台应具备四个特质

"希望有一个权威、公正、专业的第三方机构为内容风险管理提供服务"——在人民网举办的一次研讨会上,这一呼声成为各网络平台的共识。但是,应由什么样的第三方机构来提供内容风险管理服务?各方认识却并不相同。归纳各方讨论,一个真正科学的内容风险管控平台应该具有四种特质。

一是"政策密集型"特质。近年来,我国互联网内容建设与管理不断完善,出台了一系列针对网络内容建设与管理的政策法规。政策密集出台,意味着"互联网内容安全"已经成为国家和社会关注的重点。这使得内容专业审核具有了重要的政治意义。内容专业审核机构就像党和政府行政管理之外的"另一只手",可以从信息的源头把控好政治方向、舆论导向和价值取向,配合主管部门进行网络内容安全建设。同时,从日常和微观层面上看,虽然意识形态是动态的,但对意识形态的管理在长线和宏观上都必须保持一致,所以,内容专业审核机构要通过内容风险管控水平,体现出自身对于政策的深入理解和动态把控能力。能不能准确地把握中央和各部门的政策,也是内容专业审核机构"政策密集型"特质的表现。

二是"技术密集型"特质。在目前条件下,人工已经难以单独承担并完成网络内容审核的工作。借助大数据、智能算法等技术,互联网信息传播的效率和精准度大大提升。但每一种技术架构、每一行代码、每一个界面,都代表着选择,都意味着判断,都承载着价值。比如,用大数据进行用户画像、精准推送,本身就包含这样的价值观念——"用户偏好的就是好的""平台的打开率比一切都重要"。短视频平台上,"精选"的内容能获得更多关注,然而什么样的视频可以被"精选",同样隐含着产品开发者的价值选择和利益诉求。技术越来越成为价值表达的手段。技术引发的问题要善于通过技术的手段加以解决。在内容审核与风险管理上，技术可以发挥很大的作用。一些网络平台正在努力发展、完善技术审核系统，理论上，已经可以依靠技术手段识别并控制90%以上的内容风险。有理由相信，人工智能等技术的发展和运用将会极大程度地提升内容风险管理的能力和水平。

三是"管理密集型"特质。对网络内容审核要做到"一把尺子量到底"。这需要统一标准、统一思想，形成统一操作。因此，对于内容风险管理平台，加强团队内部管理是保持内容持久安全的核心要素。但严格审核不是机械、死板的操作，要在审核过程中重视处理好效率、效果、效益三者之间的关系，使其相互促进。通过不断完善内部管理机制、培养能力超群的审核人才队伍，可以极大提升内容审核的效率，最终帮助网络平台降低内容风险、提升整体效益。

四是"人才密集型"特质。人工智能可以通过算法建立各种模型来自动、高效地发现并处置内容问题与风险。但客观上看，其发展水平尚处于"弱智能"阶段，以目前机器学习水平还无法满足爆炸式增长、情况多变的互联网内容审核需求，尤其是涉及时政、财经、文史等深度内容，需要专业人士的深度介入，才能确保不出问题。因此，人工干预、人机结合是当前仍无法替代的一种审核模式。这赋予了内容风险管理行业"人才密集"的特征。

内容风险管理平台应秉持五个原则

内容风险管理平台是一个新事物，需要主流媒体积极尝试、共同探索，更需要各级主管部门的深入指导和具体支持。而作为合作双方的主流媒体和互联网内容平台，特别需要重视遵守一些基本原则，这些原则可以概括为"两个不变"和"三个有利于"。

第一个"不变"，是各内容平台对于自己内容的调性标准和最终责任不变。第三方内容审核，本质上只是一种基于合约的劳务服务，内容平台不能指望通过一份商业委托合同，就把内容把关的责任甩出去。第二个"不变"，是内容平台是否拥有合法资质的法律地位不变。如果一个内容平台没有相应的业务资质，不可能通过与主流媒体的内容审核合作，就使自己的业务合法化。

而作为第三方内容风险管理平台，主流媒体应该成为主流价值的传递者与捍卫者，牢记新闻舆论工作职责使命，切实通过内容审核业务，弘扬社会主义核心价值观，同时也要始终牢记：作为"第三方"，始终只是接受了服务外包，既不能包揽内容平台的终审责任，也不能与没有资质的内容平台共享自己的资质。

三个"有利于"，之一是内容风险管理平台要有利于行业主管部门信息传达和贯彻落实。内容风险管控平台应成为主管部门和平台、网民之间的沟通者，通过细化、量化审核标准，将主管部门要求落实到位。之二是要有利于整个行业的内容风险控制水平提高和规范发展。互联网内容风险管理不是一家企业的独奏，而是多领域企业的合唱，通过内容风险管理平台的建设、标准制定、技术研发,加强互联网企业合作,共同为净化网络环境贡献力量。之三是要有利于各平台降低内容审核的成本,丰富内容供给。平台化旨在将专业的事情交给专业机构来处理,不仅提高效率,降低成本,还要让更多网站更放心地投入内容生产,通过精准的辨别激浊扬清,通过不漏判、不错判更好地鼓励网站进行内容生产传播,实现更丰富的正能量总供给。

积极尝试建设内容风险管理平台

人民网是"网上的人民日报"。在报社编委会和相关主管部门的指导下,人民网正在尝试将内容审核业务作为在新时代、新条件下延伸业务范围,扩大影响力、提升引导力的创新尝试。

一是积极建设"内容审核云平台"。搭建审核平台,吸引其他网络媒体和互联网平台入驻,通过平台对自身和外部内容进行集中审核、统一管理,实现审核操作标准化和智能化,利用集约效应,提高审核效率,降低相关网络媒体和平台内容风险管理成本。

二是完善技术平台和评价体系。习近平总书记在网络安全和信息化工作座谈会上讲话指出,网上信息管理,网站应负主体责任,政府行政管理部门要加强监管。要把总书记的指示落到实处,就要从源头上厘清责任,将网上信息管理细化为量化指标,便于评价。

三是推行绩效考核与培训机制。结合"管理密集型"和"人员密集型"两大特质,不断完善审核团队人员的绩效考核方式,调动每个人的积极性，做到人人尽责；规范人员管理，加强日常培训，设立审核员、审核师、高级审核师等职称序列，不断提高业务能力与岗位认同。

四是充分利用智能化手段。海量内容信息需要借助技术手段进行初步审核，网上内容信息的多样性和复杂性又需要人力审核的及时介入，为此，平台需要加强对大数据、云计算等技术应用的研发，形成"AI+人工"审核机制，满足内容审核的广泛性和特殊性要求。

五是组建高级专家团队对"精""专"内容进行审核。为了准确判断和处置网上少量而重要的深度、专业类内容，平台还聘请业内和学界资深专家牵头，与相关管理机构、行业主管部委、专业研究机构建立常态沟通机制，针对审核中的疑点、难点内容进行专业的终极把关。

人民网希望通过不断尝试并落实以上措施，真正建立起切实有效、服务社会的内容风险管理平台，为主流价值护航，提升舆论引导力，为营造天朗气清的网络空间做出更大贡献。

（作者系人民网党委书记、总裁）

《新闻战线》（2018年第8期）

善用网络手段，助力主题宣传

余荣华

"军装照"的"刷屏"，证明主流媒体的主题宣传如果能够在保持导向正确、内容准确等传统优势基础上，遵循互联网传播规律，树立用户意识，利用创新手段、先进技术、外部资源，就能在速度、广度、深度上不断实现突破。

2017年，为纪念中国人民解放军建军90周年，人民日报客户端借助人脸识别、融合成像等技术，制作互动H5《快看呐！这是我的军装照》（简称"军装照"H5），帮助网友生成自己的虚拟"军装照"，共同表达对人民子弟兵的喜爱之情。

7月29日推出后，"军装照"H5在亿万中国网友的手机上成功"刷屏"。不同年龄、地域、职业的人，纷纷通过这个新媒体产品，生成、展示自己的虚拟"军装照"，表达对人民解放军的向往、崇敬和热爱。数据显示，"军装照"H5上线10天，浏览次数突破10亿。按天计，浏览量最高峰是 8 月 1 日建军节当天,浏览次数达 3.94 亿,独立访客超过 5700 万。按小时计,7 月 31 日 22 时至 23 时,浏览次数突破 3000 万,真正成为一款"现象级"新媒体产品。这种火爆程度,在业界以往的任何一个 H5 产品中都没有出现过。

2018 年,在中国新闻奖首次设立的媒体融合奖项中,"军装照"H5 获一等奖。回顾创作和传播过程,我们深切地感受到,尽管互联网的发展给传统主流媒体带来极大压力和挑战,媒体与受众的传播关系发生深刻变化,但随着媒体融合战略的推进,主流媒体的传播渠道、手段、内容也大为拓展。只要善于利用网络技术进行手段创新,就能够助力主题宣传在互联网上实现传统传播形态难以达到的效果。

在主题宣传和形式创新的结合点上寻找好创意

人民日报社新媒体中心负责运营人民日报的"两微两端"(法人微博、微信公众号、客户端、英文客户端)。每逢重大新闻节点,我们都会不断开展头脑风暴,围绕主题设计不同新媒体产品,反复讨论,挑选其中最合适的来执行。

在新媒体产品形式方面,H5 成为越来越常用的一种。"H5"是第五代超级文本标记语言(HTML)的简称,简单地说,就是最新一代的网页。与前四代相比,H5 拥有更好的内容丰富性、设备兼容性和互动性,网友在手机上通过 H5 就能在同一个页面中获取十分丰富的多媒体内容并进行互动。

在新媒体中心关于建军节报道的策划过程中,"军装照"的想法很早就出现在候选计划中,正式讨论建军节报道时,"军装照"H5创意脱颖而出。

作为主流媒体,主题宣传的目标、内容是基本确定的。无论是传统媒体,还是新媒体传播,都是类似的。但在实现形式上,新媒体无疑有更大的创新空间。我们的创意,就要从主题宣传和创新形式的结合点上去挖掘。

中国人民解放军建军至今已有90年历史,从名称到军装也有很多的变化。如果传统媒体展示,主要就是把一张张照片摆出来。如果能设计制作一个H5网页,让大家上传图片,生成各自的虚拟"军装照",就可以在互动中展现情感、传播知识。很多人都有军旅梦,但大多数人都没有机会当兵,没有机会穿上军装,借助这个机会可以让大家体验穿军装的感觉,我们预感应该会受网友欢迎。7月中旬,便正式决定制作"军装照"H5。

任何一个新闻产品创意,都要从导向是否正确、传播是否广泛、技术是否可行等方面来分析判断。在制作过程中,有人提出:让普通人穿军装是否会有娱乐化倾向?我们仔细分析后认为,恶搞军装肯定不行,但也有既有高度又接地气的做法。我们将不同时代的军装整理出来,页面设计庄重大方,让用户"穿上军装"英姿飒爽,不是"娱乐化",而是为大家抒发对解放军的崇敬、热爱之情提供了平台。事实证明,H5推出后,确实达到了这个效果。不同地域、不同行业的网友都在制作自己的军装照,并配上对解放军的各种褒奖话语广泛转发,网友评论最多的话就是"穿上军装,致敬人民解放军""解放军的军装,是最美的服装"。

从确定创意、挑选合作对象、正式开工,到 H5 产品上线,一共耗费两周时间。7 月 29 日 20 时,在建军节之前、阅兵消息公布之后,产品正式上线。30 日开始,H5 的访问量迅速攀升,全民晒"军装照"的情景在微信上出现。

在精准内容和先进技术的结合点上打造好产品

有网友分析说,"军装照"H5 的火爆原因,在于虚拟"军装照"的效果特别好,既能对网友的形象进行美化,显得气宇轩昂、英姿勃发,又保留了网友的面容特征,让用户有很强的代入感,愿意分享。

从专业角度来看,"军装照"H5 作为一个成功的新媒体产品,无论是页面内容的准确度、换脸技术的效果,还是超高流量下的平稳运行,都是巨大考验。

首先是内容。作为主流媒体推出的新媒体产品,我们必须保证 H5 中所使用的"军装照"原始素材准确。幸好我们有人民日报强大采访力量的支持。政治文化部军事采访室联系部队院校研究解放军后勤装备包括军服演变等的专家,为我们提供军史知识指导,帮助审核素材。最后,根据军服演变历史,创作团队历经一个星期的图片收集,确保每个年代至少有一套男女士兵军装素材照片,并通过专家审核。我们对军装制式的要求也很严格,细微如领子的形状、袖标的位置都不能有差错。内容上的精准,保证了传播过程的顺利、平稳。

其次是技术。让计算机批量化、快速化生成的照片既美观、自然又保留用户的面貌，在过去是不可想象的。但近年来"换脸换装"的技术日益成熟。我们迅速联系到腾讯旗下的天天P图，作为技术支持合作团队。天天P图的人脸融合技术能够将用户上传的照片与特定形象进行脸部层面融合，生成的图片效果既有用户的五官特点，也呈现出对应形象的外貌特征。这其中，应用了人工智能技术。例如，人脸关键点定位技术，利用神经网络对图片进行学习分析，找到人脸图像的关键点。在关键点提取后，还要运用一些针对性的算法，对用户图片进行再次分析修正，达到面部颜色均匀的效果。

巧妙的创意、精准的基础内容、先进的图片技术，实现了互动性、趣味性的结合，打造出了一个好产品，这其中包含着创作团队的艰辛努力。在"军装照"H5中，用户先欣赏一组解放军战士真实军装照，然后拍摄或者选择自己的照片，伴随着打印机的声音，"穿上军装的用户"便出现在手机上。"红军时期""抗日战争时期""解放战争时期"等男女士兵共计20款军装样式，让用户过足当军人的瘾。

"军装照"H5的运行也离不开充足的资源保障。H5分前端和后端。前端页面负责接收用户上传和下载照片功能，后端是天天P图的图像处理功能。由于访问量暴增，前后端都出现了压力过大情况。我们全程监控数据变化，调集大量服务器资源，保障H5的平稳运行。用户上传一张图片，不到5秒钟就能轻松合成一张"军装照"，背后是巨大的服务器资源在支撑。为了应对巨大的访问量，H5的前端页面服务器增加到30台，后端的图片处理服务器先是从一开始的400台增加到800台，后来又不断扩容,最终在最高峰动态部署了 4000 台腾讯云服务器。

作为媒体机构,由于机制和人才等原因,很难拥有最新的原创性新媒体技术和最强大的保障资源,但只要抓住核心,发挥优势,完全可以撬动、整合体制内外资源为我所用。"军装照" H5 的成功证明了这一点。"不求所有,但求所用"将是新媒体时代新闻生产的常见模式。

在用户意识和传播目标的结合点上实现好效果

互联网传播与传统媒体传播的最大变化,就是受众(读者、听众、观众)变成了用户。因此,互联网传播首先要树立用户意识。作为传播主体,不管有何传播目标,都必须考虑能给作为传播对象的用户提供什么。

"军装照" H5 "刷屏"后,各方面关于其成功原因的分析很多。我们认为,尽管有很多技术方面的因素,但最重要的还是契合了庆祝中国人民解放军建军 90 周年的"大势",满足了广大网友的情感诉求。

作为新媒体,我们希望在建军 90 周年的特殊节点,通过新奇、充满趣味,网友又易于接受、乐于分享的方式,拉近普通人与解放军将士的距离,增进网友对解放军发展历史的了解。这个 H5 不仅仅是有趣,更重要的是表达了大家对人民军队的崇敬之情。有很多人在分享时也提到,当解放军很光荣。最令我们欣喜的是,这个 H5 创意实现了正能量的传递,既有高度又接地气,对普通人会产生潜移默化的影响。有专家评价其实现了"看不见的宣传"。

与其他火爆的新媒体产品相比,"军装照"H5 的一大特点是突破了性别、年龄、地域、行业等社群壁垒,在全国范围的不同网络社交圈内不断扩散、激荡。能够达到这个效果,时机、创意、技术都很重要,但归根结底,是源于全体中国人对人民解放军的崇敬和向往,以及普通民众日益浓烈的爱国热情和向心力、凝聚力。"军装照"H5 恰逢其时,提供了一个表达的载体和渠道,与全国亿万网友心中共同的情感形成了共鸣和互动。

这种对"大势"和公众情感的准确把握,正是用户意识的体现,也是主流媒体推进媒体融合、参与新媒体竞争的优势所在。

重视参与感和互动性,让用户成为主动的传播者,也是用户意识的重要体现。以往的新闻作品,读者往往只是一个被动的信息接收者。在新媒体时代,由于新技术的应用、新形式的诞生,读者成为用户,可以和新闻产品进行即时互动,参与到产品的生产、传播过程中来。所以,在传统媒体时代,将新闻信息传递给受众,其效果就达成了,传播也基本结束,二次传播、三次传播的概率不高。而在新媒体时代,将新闻信息传递给受众,传播才刚刚开始。真正成功的传播会在受众间不断扩散,实现"裂变式传播"。

"军装照"H5 在设计上从一开始就激励用户成为主动传播者,让用户自主、自愿分享"军装照",获得参与感、认同感和归属感。虽然有初始发布途径,但"军装照"H5 最后的传播奇迹完全依赖于产品本身,依赖于人与人之间的传播。从后台数据看,截至 2017 年 8 月 12 日,网友将"军装照"H5 的链接分享给好友或微信群的次数超过 4800 万次,分享到朋友圈的次数超过 1100 万次，分享带二维码的个人"军装照"的次数更多。

综合来看，"军装照"H5 的空前"刷屏"，是上述诸多因素共同作用的结果。主流媒体的主题宣传，如果能够在保持导向正确、内容准确等传统优势基础上，遵循互联网传播规律，牢固树立用户意识，善于利用创新手段、先进技术、外部资源，就能在速度、广度、深度上不断实现突破。

（作者系人民日报社新媒体中心统筹策划室副主编）

《新闻战线》（2018 年第 12 期）

军事网络宣传：在转型中守正创新

韦 伟

■ 解放军新闻传播中心网络部创新推进军事网络宣传，运维的近30个网络平台、账号先后跃居多个传播力影响力榜单前列。建军节"主场宣传"出奇制胜，典型人物报道鲜活生动，国防在线客户端用户深度参与者众，短视频精品佳作不断涌现。

伴随着军队改革大潮，2018年4月9日，解放军新闻传播中心正式成立，一艘融报纸期刊、广播电视、网络新媒体、出版发行等业态于一体的军事新闻传播巨舰应运而生。军队新闻单位这次改革，目的是拆除原来的机构、行业壁垒，推动各类媒体深度融合，使军事宣传做到策划通盘考虑、资源融通共享、力量统一指挥，努力把体制优势转化为能力优势，从而提高军事新闻媒体的核心竞争力和影响力。新组建的解放军新闻传播中心网络部，担负着面向社会和全体官兵进行军事网络宣传的任务，使命光荣，责任重大。

传播力影响力再上新台阶

解放军新闻传播中心网络部负责中国军网、国防部网、军报记者微博、军报记者微信、中国军网微信、解放军报客户端、国防在线客户端等近30个网络平台的运维发布工作，为传播中央军委声音，阐述国防政策，记录强军兴军步伐，展示人民军队良好形象，服务基层官兵，牢牢把握网络舆论斗争主动权发挥了重要作用。中国军网2017年列入中央重点新闻网站，军队网络媒体跃上了更高的发展站位，担负起更重要的政治责任和历史使命。

我们把宣传学习贯彻习近平新时代中国特色社会主义思想和习近平强军思想作为军事网络宣传的重中之重，努力通过生动鲜活的表达方式、喜闻乐见的表现形式和互动融合的传播样式，全面展现人民军队强军兴军的新风貌，生动呈现全军官兵练兵备战新实践。2018年10月，中国军网已运行4年多的"学习强军"频道全新改版亮相。改版后的内容更加丰富，包括文字、图片、音视频、H5、VR、沙画、动漫等多种形式，设置"学习日历""影视在线""统帅与士兵""学习原著""学习讲堂""习语共鸣"和"学习新视界"7大板块，上线40天刊发图文稿件、视频和新媒体产品2673篇（条），浏览量超过2000多万，受到部队官兵和广大网友赞誉好评。

中国军网积极围绕党、国家和军队的重大主题宣传，精心组织、主动策划，每逢大事要事热点事件，都能在第一时间推出内容丰富权威的网络专题。2018年1月至11月，先后推出《壮阔东方潮　奋进新时代》《传承红色基因　担当强军重任》《强军这五年》等73个大型网络专题，并配合推出一批形式多样的新媒体产品。

随着大批策划质量高、呈现形式新、传播效果好的精品佳作不断涌现，中国军网和各新媒体平台实力稳定上升、用户粉丝量大幅增长。《2018全国党报融合传播指数报告》显示，解放军报在全国党报融合传播力排名第5，军报记者微博在全国党报微博用户量排名第4、传播力排名第6。中国军网短视频《你收到的是1927年8月1日发来的包裹》和H5作品《军报纪念建军90周年特刊·阅兵专号：沙场点兵》，分别获得第二十八届中国新闻奖融媒互动类和融媒创新类二等奖。截至2018年12月4日，解放军报客户端下载量达1243万，军报微博粉丝超过4578万。中国军网综合排名已进入全国主要新闻网站10强，移动端进入5强。

努力把主旋律谱出新鲜感

近年来，根据网络技术的发展，结合网站及新媒体平台实际，我们实施了生产流程再造和人力资源配置调整，纵向设立策划、新闻、网络电视电台、军事图片、监审检查等专业团队，横向划分为网文、专题、直播、H5、VR、漫画、动图、沙画、图解以及裸眼3D等项目组，通过分工合作实现"一场战役、多点开花"的宣传效果。目前，网站和新媒体平台已初步形成"兵种"相对齐全的网络传媒产品生产线。

建军节报道是我们的"主场宣传",也是"四季歌",年年唱,如何做到出新出彩,出奇制胜?2018年8月1日,建军91周年之际,军报微博推出话题"我和军队的不解之缘",引爆网络。短短15天,阅读总量达14.9亿,创下微博话题阅读量的新纪录。

2017年军报微博"八一"话题阅读量4亿,2018年攀升到14.9亿。奥秘在哪?在于话题设置的创新与"撞心","我和军队的不解之缘"9个字直抵人心,引发广泛共鸣。新浪微博、人民日报"学习小组"、央视《国家记忆》栏目等平台以及大小微博账号,纷纷转发,与军报微博互动,亿万网民参与,共同创造了14.9亿的天量!同样引起网民广泛关注的还有短视频《百位军人军属接力歌唱〈我爱你中国〉》《过完这个八一 脱下军装继续战斗》、图说《军旗简史》等作品。

在典型人物宣传中,我们也注重传播手段和形式创新,努力把主旋律内容做出新鲜感。对王继才典型事迹的报道,我们进行了立体化的呈现。7名记者先后3次奔赴连云港,登上开山岛,进行深入采访,制作发布图文、漫画、创意短视频、H5和VR等各类作品共17件。其中,微博话题"开山岛上写大爱""致敬祖国守岛人"阅读量达9000多万;短视频《王继才:我这一生,亏欠父母妻儿,但对国不能亏》等,成为热搜榜新秀之星;还有H5作品《感悟王继才:一样的场景,不一样的境界!》,VR作品《带你走一走王继才的巡逻路》,浏览、点赞量都很高。

打造用户深度参与新模式

国防在线客户端2017年8月1日上线，这款具备网络军训教学和参训人员社交功能的移动军事技能训练应用平台，上线仅5个月就登上《网络传播》发布的中国主流媒体APP传播排行榜第11位，截至2018年12月5日，下载量突破1420万。国防在线客户端将军训内容进行多样表达，开辟了青年喜闻乐见的"线上课堂"。邀请三军仪仗队、国旗班及全军训练标兵录制军训分解动作教学视频，运用VR、AR等技术，将队列动作、射击讲解、打靶组织等军训科目进行全媒体呈现。这款客户端贴合当代青年阅读方式和兴趣需求，运用平等、互动、跨界、快捷、分享等互联网思维新理念，打造了一系列喜闻乐见的新媒体产品。短视频《关键时刻能救命！快来学海姆立克急救法》一经推出就被各大官方微博转载。仅仅5分钟，在人民日报秒拍社区视频播放量就达200多万次。截至2018年12月，已发布4000多篇军训权威信息和新闻，280组军事技能教学视频和200组军事理论课程，为全社会提供丰富、快捷、便利的网上军训教学资源，成为广大青少年和学生自主、系统、科学、规范、标准的在线军训平台。有网友留言：有了国防在线，就有了一个属于自己的"移动军人教练"。

国防在线客户端聚焦社交互动，倾力打造用户深度参与的新模式。在《秀场》板块中开设《晒图》《达人》《活动》等栏目，用户可以随时随地在《晒图》上传自己的训练成果，在《国防号》写下自己的训练心得，关注好友的训练动态，请教达人的成功秘诀，分享喜爱的军训技能。

用户既是内容发布者、传播者，也是直接受众，让用户创造资源的理念逐步变为现实。《活动》栏目开展各类线上线下活动，打通不同人群，突破时空限制，实现社会与军营、军训与社交的融合。

为增加国防在线客户端用户的黏度和忠诚度，提高和保持日活跃用户数，我们还大大拓展新闻信息服务功能，在这款客户端上链接解放军报客户端、解放军报及子报子刊的数字报、中国军网、国防部网、国防动员网、军报记者微博微信等网站和新媒体的丰富信息，让国防在线天天有新闻、时时有动态，让军训学生和广大网友"一端在手，便知天下军事"。国防在线客户端首次实现了一个发布平台绑定多个发布单元，创新了集广域传播与分众传播、精准传播为一体的组合方式，创新了新闻客户端与服务客户端一体化的技术架构，创新了军地融合运营新媒体的新闻生产管理方式。

发力短视频　拓展新阵地

没有传播力，就没有影响力。为进一步提升传播力，中国军网相继开通移动直播频道，打造国内首个军事 VR 频道。

思想力和正能量是短视频的灵魂所在。为使亿万网友"看见"正能量，中国军网近几年创作了诸如《战斗宣言》《中国力量》《我宣誓》等一系列现象级短视频，形成了自己的品牌与风格。2018 年中国军网以军事短视频生产建设为牵引，盘活各类新闻资源，把生产链向全军部队延伸，推出众多网红短视频佳作。1 月 3 日，习主席向全军发布训令，当晚即推出开训

MV《决战》，被中央电视台、人民日报等数百家媒体转发；3月11日，在习主席提出强军目标5周年之际，推出短视频《强军 强军》，在中央网信办组织的中央主要新闻网站"两会"融媒体作品评选中荣获第一名；4月12日，发布南海阅兵MV，在军报记者微博播放量超过1008万。

中国军网努力尝试短视频风格的创新和突破，改变以往震撼、炫酷、热血的硬核风格，转而尝试走心的公益广告风格。"震撼"风格达到了不需要网友思考便由衷敬佩中国军队的目的，而"走心"风格则是通过一个直击心灵的话题引导网友深入思考中国军人的奉献和牺牲。2018年8月29日，中国军网结合征兵季推出时长3分钟的网络剧情片《我的青春献给谁》，直击"为谁当兵，为啥当兵"社会热点：阳光执着的"儿子"，爱子心切的"母亲"；以吸睛走心的救灾场面，叩问人心的旁白设计："我们都想好好活着，那是谁救了我们，他又是谁的儿子？"唤起全社会对国防担当、家国情怀的共鸣。

短视频内容风格需要创新，呈现方式也要跟上时代潮流。2018年国庆节，中国军网推出竖屏短视频《行走》，戳中军人内心，感染众多网友。短视频表现军人行走在中国最壮美的大地上，让人心生羡慕，但画面上的文字却表达出他们于大美之地，担最大的责任，将心予国，此生不负。他们的行走，没有终点，没有尽头，他们的生命，与使命同行。有网友评论："向着极边极远极险极苦处，行走，旨在守护大美家国，虽万难而不畏缩，虽百死而不言悔。这就是中国军人！"竖屏作为当下"手机时代"网友的观看模式，更新奇更方便，更能呈现最主要的画面信息。《行走》获评2018全国党媒"十佳创意短视频"。

读者在哪里，受众在哪里，宣传报道的触角就要伸向哪里，宣传思想工作的着力点和落脚点就要放在哪里。随着短视频发布平台发展迅猛，"抖音"国内日活跃用户达 1.5 亿，"快手"日活跃用户达 1.2 亿。为在青少年中传播好中国军队的声音，2018 年 10 月 30 日，中国军网入驻抖音、快手短视频平台。抖音第一条军事短视频《中国军网来了》发布 5 小时，播放量超过 1000 万，上线 7 小时粉丝量突破 100 万，获赞达 105.3 万，创下政务抖音号最快涨粉纪录。

我们把握短视频平台青少年网友居多的特点，紧贴他们向往军营的好奇心理，制作了一系列反映官兵训练生活的短视频。《有血性！有血性！有血性！》就满足了受众对官兵在恶劣天气中如何训练的好奇心。视频中，官兵在雨中赤裸上身，每出一拳，每踢一脚，都充满着军人的阳刚和血性，看得人热血沸腾。该视频一经上线点击量迅速突破 2000 万。截至 12 月 6 日，中国军网在抖音平台已发布短视频 86 条，获赞 1155.7 万，粉丝量达 239 万。在"2018 年 11 月政务抖音号排行榜"上，中国军网名列第 4。

未来，我们将继续拓展军事网络新媒体传播矩阵，融合军队各级网络和新媒体平台，坚持创新发展，瞄准信息网络技术前沿，加强技术能力建设，努力建设丰富权威的军事媒资统筹系统和大数据云平台，在推动媒体融合发展中当好网络舆论引导的主力军。

（作者系解放军新闻传播中心网络部总编辑）

《新闻战线》（2019 年第 1 期）

构筑互联网时代文化新生态

李政葳

自1994年中国正式接入互联网以来,互联网深刻地影响并改变了中国,中国也成为世界公认的网络和数字化大国。1998年,随着网络小说《第一次的亲密接触》的诞生,网络文学作为中国网络文化产业最早形态进入网民视野。

一直以来,文化与互联网有着天然的亲和力和强大的融合力。业内人士和正在参加全国"两会"的代表委员们表示,随着"互联网+文化"的融合持续加快,中国文化正在迎来新发展、新平台、新生态。

新环境带来新气象催生新业态

2月底发布的第43次《中国互联网络发展状况统计报告》显示,截至2018年12月,我国网民规模达8.29亿,普及率达59.6%,全年新增网民 5653 万；手机网民规模达 8.17 亿，网民通过手机接入互联网比例达 98.6%。

一些代表委员表示，互联网文化的新气象、新生态不断呈现，互联网向上、向善的正能量正在得到广泛传播。我们要用发展的眼光看待各类文化表达在网络新生态里的探索、成长、迭代。

随着互联网数字技术的快速发展，文化产业跨界融合的趋势逐渐向纵深发展，传统的文化内容生产、传播和消费模式也在发生深刻变革。数据显示，截至 2018 年 12 月，网络视频、网络音乐和网络游戏的用户规模分别为 6.12 亿、5.76 亿和 4.84 亿。

以网络视频为例，在内容层面，各大视频平台不断注重节目内容质量提升，许多自制内容走向精品化。2018 年上线的网络剧、网络综艺、网络电影等节目数量与 2017 年同期相比呈持平或下降趋势，但播放总量、单剧播放量均大幅增长，精品、独播、创新的内容形态更受用户青睐。

数字技术推动传统文化"活起来"

在一块大屏幕前，通过虚拟互动展示，观众可以仔细观察青铜文物"虎鎣"的每个细节。这是记者近日在中国国家博物馆"虎鎣"展览厅内看到的一幕。为了让观众更好地了解文物，技术人员制作了虚拟展示，增强游客的互动体验。

近年来，《如果国宝会说话》《我在故宫修文物》等爆款走红，也带火了"文博热"。最新统计显示，改革开放 40 年来，我国博物馆数量从

1978年的349家增长到现在的5136家，2018年参观量超过10亿人次。

为让文物更好地"活起来"，推动传统文化走向大众视野，多家博物馆纷纷探索智慧博物馆建设。以国家博物馆为例，2018年启动"智慧国博"项目，到2021年拟初步建成设施智能化、数据融合化、管理高效化、服务精准化的运营服务体系。"通过大数据、云计算、物联网、虚拟现实、人工智能，让文物通过多种方式'活起来'，让观众更近距离感受文物历史、文化、审美、科技等方面的内在价值。"中国国家博物馆馆长王春法委员说。

全球巡展的"大英博物馆百物展"运用动态地图备受公众好评；文物修复方面，虚拟现实技术、3D打印技术正在发挥重要作用；故宫博物院开发"掌上故宫""每日故宫"等日点击量超100万次，大大缓解了游客增多的压力。"传统文化的保护与发展呈现明显的数字化趋势，传播手段也在日益更新，传统文化的传承与创新必须与'互联网+'深度结合。"江苏省苏州昆剧院名誉院长、苏州市苏剧传习保护中心主任王芳代表说。

精品IP"玩法"丰富多样

近年来，以传统节日为契机，表情包、直播、短视频等互联网产品纷纷重点打造节日内容，每逢假日在刷屏朋友圈的同时，也不断提高着中华优秀传统文化的影响力。比如，字节跳动推出了"国风计划"，通过一系列优质内容扶持计划，对优秀创作者进行鼓励；陌陌直播以"直播+传统文化"方式推出非遗、民间艺术等直播内容,让传统文化更直观地与直播用户接触,促进传统文化的传承发展。

另外,伴随互联网平台的发展,文旅市场也迎来了一大发展机遇——"文化IP"。以博物馆为主的授权业务兴起后,讲究生活品质的IP产品得到大批网民青睐。以颐和园为例,2018年共上线文创产品560余件,从文具、生活家居、服装箱包到食品、珠宝饰品、数码周边应有尽有,这些在天猫、京东等主流电商平台也都能觅得身影。

有代表委员提出,互联网时代,传统文化与互联网产品的结合实现了文化价值与商业价值的双丰收,也让更多的互联网用户重新认识了传统文化。让传统文化形成当代表达至关重要,文创产业应更多思考传统文化IP如何挖掘、文创产品如何做出差异化。

营造清朗网络空间　让文化生态更繁荣

伴随互联网文化迅速发展,不可避免会出现一些新问题。"自媒体、短视频等迅速崛起,也伴生了一些庸俗、媚俗、低俗产品。"江苏省淮剧团国家一级演员、省剧协副主席陈澄代表表达了她的忧虑。不仅如此,移动端参与个性化、碎片化传播,也不断加大互联网治理的难度。

2017年4月出台的《关于推动数字文化产业创新发展的指导意见》中提出,数字文化产业发展要"坚持导向,提升内涵""弘扬社会主义核心价值观、倡导社会效益优先、实现社会效益与经济效益相统一"。这实际上对互联网行业内容生产提出了更高的要求。

"国家应通过加强立法等形式设置下限，不断规范和约束网络平台。"中国音乐学院教授、博士生导师吴碧霞委员说。面对日益复杂多变的互联网文化市场形势，近年来，《关于加强网络视听节目直播服务管理有关问题的通知》《互联网直播服务管理规定》《网络游戏管理暂行办法》等政策法规陆续出台；国家互联网信息办公室、文化和旅游部、全国"扫黄打非"办公室等也对互联网平台违规行为不断加强监管。

"现在情况比前些年好了很多。"让吴碧霞委员感受深刻的是，现在一些KTV里点歌、APP平台下载歌曲时都需要付费，这些都说明互联网上音乐版权保护体系在日益完善，网络文化市场秩序在不断规范。

"我们要以积极的态度、创新的精神，营造清朗的网络空间，让互联网文化生态更加繁荣，让互联网成为全社会共建共享的精神文化家园。"陈澄代表表示。

（作者系光明网记者）

《光明日报》（2019年03月10日　01版）

全面提高党对网信工作的领导力

张明海

随着网络信息技术的不断创新变革,互联网已经全面融入人类社会生产生活,深刻改变着全球经济格局、利益格局、安全格局,党和国家事业发展面临新机遇新挑战。世界主要国家都把互联网作为经济发展、技术创新的重点,把互联网作为谋求竞争新优势的战略方向。互联网作为全球范围内竞争的最大变量已成不争的事实。面对国内国际新形势、意识形态领域新态势、信息化发展新趋势,我们必须充分认识网信工作在党和国家事业发展全局中的重要地位,充分认识做好网信工作对实现社会稳定和长治久安总目标的重大意义,必须科学认识网络传播规律,全面提高新时代党对网信工作的领导力,提高用网治网水平,使互联网这个最大变量变成事业发展的最大增量。

提高党对网络领域的政治领导力,确保网信事业发展正确政治方向。党政军民学，东西南北中，党是领导一切的。中国共产党是中国特色社会主义事业的坚强领导核心，是最高政治领导力量，各个领域、各个方面都必须自觉坚持党的领导。如果削弱党对网信工作的政治领导力，我国网信事业发展就会偏离正确的政治方向，就会在充满变量的经济全球化竞争中失去主动权和话语权，西方反华势力的图谋就会得逞，党和人民的事业就会遭遇巨大挫折。

习近平总书记一再强调，过不了互联网这一关，就过不了长期执政这一关。因此，做好网信工作，加强党中央对网信工作的集中统一领导，坚持正确政治方向至关重要。全面提高党对网信工作的领导力，必须高举中国特色社会主义伟大旗帜，以习近平新时代中国特色社会主义思想为指引，不断增强政治意识、大局意识、核心意识、看齐意识，坚持把政治建设摆在首位，确保网信事业发展的正确政治方向。同时，还必须坚持把党总揽网信工作全局、协调网信工作各方落到实处，使党管媒体的原则贯彻到网络媒体特别是新媒体领域，实现正确政治导向在网络信息传播全环节、全领域覆盖。

提高党对网络领域的思想引领力，牢牢掌握网络意识形态工作领导权、管理权和话语权。互联网是意识形态工作的前沿阵地。网络舆论直接影响着人们特别是年青一代的思想观念和价值取向，影响着全社会价值共识的形成。当前，意识形态领域许多新情况新问题往往因网而生、因网而增，甚至许多错误思潮以网络为介质肆意传播和发酵。能不能牢牢掌握网络意识形态工作领导权管理权话语权，是直接关系党的执政地位和国家长治久安的重大问题。如果淡化党对网络阵地的思想引领、解除思想武装，就意味着放弃领导权，无异于将网络阵地拱手让人。

习近平总书记在全国宣传思想工作会议上指出，建设具有强大凝聚力和引领力的社会主义意识形态，是全党特别是宣传思想战线必须担负起的一个战略任务。提升党对网络舆论的思想引领力，最大限度凝聚社会共识，须将思想的力量融入网信工作发展的各个阶段和各个环节。要加强网上正面宣传，把握正确舆论导向和价值导向，唱响主旋律，壮大正能量，做大做强主流思想舆论，让党的创新理论"飞入寻常百姓家"，使人们通过网络真切感知到党的思想和理论的温度。要强化理论供给，旗帜鲜明坚持真理，立场坚定批驳谬误，特别是对于网络虚拟社会中存在的偏激甚至错误的社会思潮，要及时用马克思主义的立场、观点、方法有力廓清其迷雾。

提高党对网络领域的群众组织力，使网络真正成为了解民意、开展工作的重要桥梁。党的群众路线是党的根本工作路线，是我们党在长期革命和建设中制胜的法宝。"通过网络走群众路线"，丰富了党的群众路线形式和工作领域，开拓了马克思主义群众观新境界。习近平总书记曾强调："各级党政机关和领导干部要学会通过网络走群众路线，经常上网看看，潜潜水、聊聊天、发发声，了解群众所思所愿，收集好想法好建议，积极回应网民关切、解疑释惑。"

网络空间是亿万民众共同的精神家园，人民群众的所需、所想、所求在网络空间均能得到及时、全面、真实的反映。网络空间打破了群众路线的时空限制，使党与人民群众的联系更加广泛、更加深入。

因此，提高党的网络群众组织力，必须把增进人民福祉作为网信事业发展的出发点和落脚点，构建以人民为中心的网信工作格局，在网络领域能有效组织群众、积极依靠群众、广泛动员群众，使网上网下成为一个同心圆，党的声音与群众心愿同向同行、同频共振。提高党对网络领域的群众组织力，还必须要利用好网络这一便捷的桥梁实现与群众的有效沟通。在民众权利意识日益增强、舆论格局日趋复杂的今天，同网络媒体打交道的能力已经成为新时代领导干部做好群众工作的基本功。

提高党对网络领域的社会号召力，构建全民参与、协调一致的网信工作大格局。一个政党的社会号召力，是指它针对社会中不同群体、阶层和力量的社会政治动员能力，也就是能把各不相同的社会群体、阶层和力量围绕着某种价值理念、政治目标和社会愿景团结起来并付诸行动的能力。可以说，始终保持着强大的社会号召力是我党的重要政治优势。当前，党的社会号召力的提高除了要不断加强党的自身建设、夯实自身根基之外，还要善于利用网络平台整合社会各方要素资源，积聚全社会力量朝着网络强国战略目标奋进。

提高党对网络领域的社会号召力，首先，需要构建起党委领导、政府管理、企业履责、社会监督、网民自律等多主体参与，经济、法律、技术等多种手段相结合的网信工作联动格局，为党的社会号召力有效发挥提供高效运作的网络空间，遇到新情况新问题能及时解决。其次，充分发挥工青妇等群团组织优势，巩固和扩大不同群体、不同行业领域的群众基础，使党的声音能及时传达。最后，着力培养一支脚力、眼力、脑力、笔力俱佳的网络宣传思想工作队伍，为党的社会号召力持续发力提供坚强人才队伍保障。

（作者系湖南省中国特色社会主义理论体系研究中心特约研究员）

《光明日报》（2018年12月24日　06版）

牢牢掌握网络意识形态工作主动权

郑　洁

2019年1月25日,习近平总书记在主持中央政治局第十二次集体学习时强调:"要从维护国家政治安全、文化安全、意识形态安全的高度,加强网络内容建设,使全媒体传播在法治轨道上运行。"在信息无处不在、无所不及、无人不用的全媒体时代,我们必须清醒地看到,意识形态领域斗争依然复杂,而能否牢牢掌握意识形态工作领导权,很大程度上取决于能否牢牢掌握网络意识形态工作的主动权。要坚持党对意识形态工作的领导权,积极营造风清气正的网络空间,既积极主动阐释好中国道路、中国特色,又有效维护我国政治安全和文化安全。

一、增强网络话语权构建的主动性

当前,积极应对不同网络话语交锋,必须坚持以立为本、立破并举,不断增强社会主义意识形态的凝聚力和引领力。

1.把握网络话语交锋特征。网络话语权争夺实质是利益的争夺，其背后蕴含着网络生存发展空间、意识形态以及经济、政治等方面的利益之争。在经济全球化背景下，整个世界处于相互交流、相互激荡的状态之中，少数西方发达国家利用自身经济、科技优势，以世界互联互通、交流互鉴为由，对其他国家进行渗透、干扰的情况时有发生，经济、政治、文化等交流的外衣下掩藏着意识形态领域的严峻斗争，这就需要把握网络话语交锋形势，洞悉网络话语交锋特征，敏锐把握对其进行治理的时机，牢牢掌握网络话语主动权。通常情况下，网络话语交锋建立在经济实力与科技实力的基础上，具有长期性、隐蔽性、渗透性、复杂性和多样性等特征。只有充分把握这些特征，掌握网络话语权交锋的规律，才能更好应对不同网络话语交锋，赢得网络话语权。

2.加强主流媒体话语引导。信息网络时代维护国家意识形态安全，必须加强主流媒体对网络话语的引导。要运用信息革命成果，推动媒体融合向纵深发展，做大做强主流舆论，发挥主流意识形态网络话语对公众网络生活的正向引领作用。要结合网民的实际需要，关注网络话语走向及呈现的特性，及时提供网民关心的重要信息，及时解答网民关心的各种问题，保证网民的知情权，从而接纳和认可政府所传递的信息。要提高领导干部"治网"水平，打造一支网络技术运用熟练、知识储备水平高的复合型人才队伍。

3.建设网络话语传播平台。习近平总书记在主持中央政治局第十二次集体学习时强调："打造新型传播平台，建成新型主流媒体，扩大主流价值影响力版图,让党的声音传得更开、传得更广、传得更深入。"网络话语传播平台,有其自身的特点和规律,尊重这些特点和规律进行建设和管理,有助于畅通普通民众提供利益诉求的表达渠道,扩展主流意识形态话语传播范围。要主动出击,抢占传播阵地,建立专门的马克思主义理论网站,打造政治理论学习服务平台,提供丰富的网络意识形态理论学习资源。要统筹处理好传统媒体和新兴媒体、中央媒体和地方媒体、主流媒体和商业平台、大众化媒体和专业性媒体的关系,形成资源集约、结构合理、差异发展、协同高效的全媒体传播体系。

二、推进网络话语权的整体优化

思想理论的创新发展,离不开具有自身特点的相应话语体系创新。掌握网络意识形态话语权,更离不开创新发展。要实现我国主流意识形态网络话语内容的优化与创新,必须构建一套既符合网络特点又反映我国主流意识形态内涵与特征的话语体系。

1. 丰富网络话语内容。习近平总书记在主持中央政治局第十二次集体学习时强调:"主流媒体要及时提供更多真实客观、观点鲜明的信息内容,掌握舆论场主动权和主导权。"加强主流意识形态内容建设,使话语内容紧跟时代发展潮流,紧贴人民群众的生活,反映社会实际,将晦涩的专业性话语转变为通俗的生活化语言。要立足实践进行话语阐释,及时回应和关照现实,增强话语理论与现实问题的契合度,提升主流价值观话语内容的说服力。

2.创新网络话语方式。要加强传播手段和话语方式创新,让党的创新理论"飞入寻常百姓家",不断增强主流意识形态的吸引力。要不断创新信息传播手段,打通"报、网、端、微、屏"各种资源、实现全媒体传播,将时下流行的 H5、AR 与 VR 技术融入其中;要发挥新兴传播媒介的优势,综合运用文字、图片、音频、视频等多种形式传播主流意识形态的内容,丰富主流意识形态传播形式,更加生动地、立体地阐释传播内容。

3.优化网络话语环境。一方面,要积极利用互联网信息传播广、传播速度快等优势,建立信息公开平台,保证信息公开透明,为营造良好的对话环境提供条件;要关心老百姓的利益诉求,贴近老百姓的生活实际,为群众排忧解难,充分保障话语受众的对话权利,使其主动参与对话。另一方面,要正确引导网络舆论发展,在建立正确舆论导向的基础上,加强网络舆情监测、进行舆论引导和舆情处置,有效疏导和控制负面舆情,为主流意识形态网络话语的传播营造清朗的网络舆论环境。

三、健全网络话语权的系列机制

近年来,移动互联网以迅雷之势融入人们的生产生活,成为社会管理的难题之一,这就需要科学认识网络传播规律,提高治网用网水平,使互联网这个"最大变量"变成我们事业发展的"最大增量"。为此,需要健全以下机制。

1.网络话语法治机制。网络不是法外之地,管网治网,需要不断健全和完善网络空间法律法规，需要坚持依法治网，规范网络主体行为。习近平总书记 2014 年 2 月 27 日在中央网络安全和信息化领导小组第一次会议上强调："要抓紧制订立法规划，完善互联网信息内容管理、关键信息基础设施保护等法律法规，依法治理网络空间，维护公民合法权益。"为此，一方面要完善网络话语法律制度。网络立法是网络管理的基础，国家立法部门要完善网络法律法规，建立健全互联网法律体系，用法律明确规范各种思想传播的界限，确保我国网络意识形态安全。另一方面，要严格依据法律法规执法。各级执法部门要依据法律法规严格执法，对通过互联网散布威胁国家安全、颠覆社会主义制度、危害国家安定等内容的行为予以严厉打击，对散播网络谣言、传播淫秽色情信息的行为予以严肃惩罚。

2. 网络话语监管机制。对网络话语实施监管，需要从加强网络话语预警机制与监督机制建设两方面入手，双管齐下，不断强化网络话语监管机制，确保网络话语监管贯穿于网络话语主体信息传播的全过程。一方面，建立网络舆情预警机制。从维护我国意识形态安全出发，构建科学的、动态的网络舆情预警指标体系。另一方面，建立合理的网络话语监督机制。要不断创新、完善网络话语监督技术，善于运用技术手段及时发现、迅速定位并快速清除有害信息，稀释大众对某些不良信息的关注度；要促进公民理性思考与表达，严厉打击、惩处发表不良言论而误导大众、危害我国意识形态安全、破坏社会稳定的不法行为。

3. 网络话语回应机制。通过完善话语回应反馈机制，不断扩充渠道接收受众的反馈意见，不断完善主流话语效果评价机制，提高我国主流意识形态网络话语的影响力。一方面，完善网络回应制度。要重视与普通网民的交流互动，通过网络互动平台的合理设置，进一步引导网络话语，并积极传播主流意识形态网络话语。在设计互动程序时要注重实效性，打造畅通的网络回应渠道，通过及时、有效的网络回应实现与群众的良性互动。另一方面，完善网络话语效果评价机制。通过收集、整合网络话语受众对于主流意识形态的意见与看法，深入了解和分析哪些主流意识形态网络话语传播效果较好、哪些还有待改进，从而为增强主流意识形态网络话语传播的针对性与实效性奠定基础。要重视网络受众反馈与评价中暴露出来的问题，有针对性地调整网络话语传播方案，提升传播效果。

四、提升网络话语权的国际影响力

习近平总书记在2018年8月召开的全国宣传思想工作会议上指出："展形象，就是要推进国际传播能力建设，讲好中国故事、传播好中国声音，向世界展现真实、立体、全面的中国，提高国家文化软实力和中华文化影响力。"在互联网领域，西方国家凭借科技信息优势占据话语主动，如何转变网络话语由"被动"为"主动"，提升主流意识形态网络话语权的国际影响力，是我们面临的一个重要课题。

1. 开阔国际视野。开阔国际视野，拓展网络空间，不断提升主流意识形态网络话语权在国际上的认同度，才能推动我国实现由网络大国向网络强国的转变。一方面，放眼世界，增强网络话语"全球性"。要用好互联网这个"最大变量",寻找网络话语传播的"最大公约数",扩大网络话语传播格局,促使中国在国际社会获取更大的信任,树立正面的国家形象、维护国家利益。另一方面,立足传统,展现网络话语"中国特色"。要始终以中国特色为抓手,从中华优秀传统文化中挖掘思想精华和汲取精神养分,运用网络积极传播和推广中华优秀传统文化,向世界展现中国魅力、表达中国观点,推进中国传统文化走向世界。要构建具有中国特色、中国风格、中国气派的网络话语国际传播体系,全方位展示中国文明开放的负责任大国形象。

2. 谋求广泛合作。在意识形态网络话语国际传播进程中,要转变单一的对外宣传模式为多样化的、有亲和力的对话模式,争取国与国之间平等的对话与交流。要尊重世界文化的多样性,运用互联网技术推进不同文明之间的平等对话,营造良好的网络对话交流氛围,在对话中树立良好的中国形象、展现中国风格。要树立网络外交思维,重视互联网技术和网络平台在开展对外交往、对外传播和外交参与等方面的作用,创新网络媒体发展的方式方法,提升网络外交的主动性,促进中国的网络话语走向世界。

3. 推进网络治理。要在各种国际组织和平台上推进网络安全的对话与合作,努力从网络空间安全的倡导者、建设者向引领者转变。要把握世界互联网发展大势,加快网络信息技术创新研发,大力发展网络信息产业,将经济发展优势转化为对外话语主动权,增强中国网络话语在国际网络传播体系中的分量与地位,切实提高我国网络话语的国际影响力,维护我国主流意识形态安全。

当前，舆论生态、媒体格局、传播方式发生了深刻变化，要因势而谋、应势而动、顺势而为，加快推动媒体融合发展，使主流媒体具有强大传播力、引导力、影响力、公信力，形成网上网下同心圆。要加强传播手段建设和创新，发展网站、微博、微信、电子阅报栏、手机报、网络电视等各类新媒体，推动党的声音直接进入各类用户终端，努力占领新的舆论场。要增强主流意识形态网络话语体系的科学性、网络话语方式的可接受性、网络话语传播途径的新颖性，从而有效维护我国意识形态安全。

（作者单位：重庆市中国特色社会主义理论体系研究中心重庆邮电大学马克思主义学院分中心，重庆邮电大学马克思主义学院）

《红旗文稿》（2019年第3期）

加强网络内容建设　营造风清气正的网络空间

谢新洲

习近平总书记在中共中央政治局第十二次集体学习时强调，要从维护国家政治安全、文化安全、意识形态安全的高度，加强网络内容建设，使全媒体传播在法治轨道上运行。互联网的飞速发展推动信息传播方式发生深刻变革，人们通过网络浏览信息、获取服务、表达诉求、开展监督。根据中国互联网络信息中心发布的第 42 次《中国互联网络发展状况统计报告》，截至 2018 年 6 月，我国网络新闻用户规模为 6.63 亿，手机网民规模达 7.88 亿。在全媒体时代，加强网络空间治理，加强网络内容建设，日益成为推进国家治理体系和治理能力现代化的重要方面。

全媒体时代网络内容治理面临的挑战

网络内容生产与分发的专业化、多元化、技术化、智能化带来海量信息流,给网络内容治理带来前所未有的困难与挑战。根据国家统计局和中国互联网络信息中心数据统计,截至2018年6月,我国网民规模达8.02亿、网站544万个、移动应用412万款,网络内容类移动应用超过216万,下载量超过5600亿次。网络平台的丰富、多元、分散给内容生产者提供了广阔空间,从PGC(专业生产内容)、UGC(用户生产内容)到OGC(职业生产内容)、CGC(社群生产内容),再到MCN(多频道网络),网络内容生产与分发变得更加多元、专业和智能,带来了更加丰富、多样、生动、感性的网络信息,同时也带来大量无效信息、重复信息甚至有害信息。一些内容生产者为了博眼球、上热搜,不择手段地标新立异、毫无底线地迎合受众,甚至制造低俗话题和虚假有害内容,给信息把关人和管理者带来严峻挑战。比如,一些短视频平台上含有色情暴力元素、宣扬纸醉金迷生活方式的作品,经过算法推荐技术进行大量分发后,吸引百万千万粉丝,造成错误的价值导向。尽管有关部门对违规主播和视频实行禁播处理、对违规内容实行禁止转发等管理措施,但仍然禁而不止。一些网络平台在内容分发上奉行技术中心主义,给公众带来"信息茧房"、观念窄化等严重问题,也给内容治理带来技术挑战。

商业网络平台逐利意识强烈、社会责任意识淡薄,使得网络内容生态面临被资本绑架的风险与挑战。截至2017年年底,我国上市互联网企业102家,市值总和超过8万亿元。互联网企业发展从一开始就与风险资本关系紧密。中国信通院发布的《2018年第三季度互联网投融资运行情况》显示,2018年第三季度中国互联网投融资笔数达到892件,同比增长 66.4%，融资金额达到 152 亿美元。据工信部数据显示，2018年我国互联网百强企业收入规模为 1.72 万亿元，互联网业务收入同比增长 50.6%，相比五年前翻了两番多。客观来看，风险资本对中国互联网行业快速发展发挥了非常重要的推动作用，但毋庸讳言，资本的逐利性也在绑架甚至驱动一些网络内容创业公司走向野蛮生长之路，奉行流量至上的价值观。比如，一些短视频应用和直播平台经常出现"三低"信息、搜索引擎导向虚假网站、"买热搜"现象等，产生了负面社会影响。流量为王、资本至上的发展思路，也容易导致互联网企业过度追逐经济利益而罔顾社会效益。

网民网络素养参差不齐，群体极化带来的网络暴力等问题威胁网络生态良性发展。互联网已成为人们日常生活的一部分。近年来微信群、QQ 群、微博群等各类互联网群组不断涌现，社交媒体的兴起使得信息传播呈现圈层化、裂变式扩散，字数限制、快速传播、情绪化表达、娱乐化取向等因素使得网民倾向于选择跟自己观点和态度相近的圈子接触，在此过程中非理性内容更容易在与理性内容的对抗中占据优势，进而催生群体极化现象甚至道德失范行为。过于偏激的表达经过互联网的放大，不仅威胁网络生态良性发展，还有可能向线下转化，将网上舆论风险演变为线下的行动性风险，从而给社会秩序稳定带来严重挑战。

政府管理模式和技术监管手段较为滞后，难以适应网络内容生产和传播技术的快速进化。整体来看，当前我国网络内容管理领导体制已基本形成，国务院授权国家互联网信息办公室行使互联网信息内容管理职责,中央、省、市三级网络内容管理体系基本建立,国家对网络生态的把控力和管理能力得到明显加强。网络安全法及相关配套法规文件、各种管理办法和规定的出台,提高了网络内容管理的规范化、法治化水平。但在一些具体领域和问题上,网络生态治理工作依然缺乏及时性、针对性和精准度,特别是技术监管能力落后于技术更新速度。从互联网时代向大数据时代迈进,所产生的数据量呈几何级数增长,预计到2020年中国数据总量将高达8000EB级别,相当于目前全球云存储数据量的8000倍。面对迅速增长的海量信息和数据,现行的集中化管理手段和跟随型监管技术难以有效满足信息把关和处置需求,导致内容管理显得较为滞后和低效。

以网络内容治理体系建设守住网上舆论阵地

习近平总书记指出:"我们要本着对社会负责、对人民负责的态度,依法加强网络空间治理,加强网络内容建设,做强网上正面宣传,培育积极健康、向上向善的网络文化。"结合网络内容治理现状,我们要从国家战略层面、社会综合治理层面加强顶层设计,确立党委、政府、企业、网民等多元主体的主体责任,明确治理目标和任务,坚持线上线下协调联动,守住网上舆论阵地。

建立管理端的网络内容治理制度体系。坚持技术与法治并重,对网络内容治理与监管的相关法律规定进行系统梳理,制定科学有效的制度规范和技术流程,并对法律法规中滞后于网络发展的内容进行修改、完善和补充,为网络内容治理提供科学化、系统化、规范化、标准化制度设计,确保有章可循、有据可依。建立网络内容综合治理的管理与协作机制,从管理体系、运行机制、保障机制、追责机制、技术支撑等方面,建立一套系统完善的网络内容治理指令执行体系,健全跨部门、跨层级、跨地域、跨系统、跨业务的网络内容治理分工与协作机制,使政府监管与网民自律、内容安全与内容创新、用户管理与平台管理之间相互协同、高效运作。诉诸技术手段,实现科学监管、技术治理,保持技术敏感性,跟进新技术发展,转变监管方式,将机器学习与人工审核相结合,由主管部门牵头制定网络内容"红线"标准,确立网络内容治理的基调和价值主张,通过人工智能等技术手段对"信源"实现智能识别与筛选、抓取采集、过滤清理,一旦有新的"红线"信息被识别标记,将其关键词纳入后台"负面语料库",实现全网共享、交叉识别与自动处理,从而达到简化行政流程、提高治理效率的效果。

建立生产端的网络内容建设规则体系。这里的生产端包括网络内容生产者与网络平台运营者。网络空间内容生态的维护与治理不能只从终端开始,应从生产源头把控内容质量,防止一开始就被污染。把控质量需要建立标准和规则,否则质量好坏没有依据。无论是对PGC、UGC,还是对OGC、CGC、MCN,都需要根据这些机构的特点建立针对性强、可操作、易执行的规则和标准体系,以指引其内容生产过程。对传播环节的网络平台运营者来说,需要压实平台的企业主体责任,应针对不同的网络平台制定实用对路的规则和标准,把平台的责任具体化、数据化、实时化,切实让平台主动承担起内容治理的社会责任。

建立用户端的网络内容自律体系。用户是网络内容生态建设的重要参与者。网民的浏览、阅读、转发、点赞、打赏、付费等上网行为和数据都是网络内容生产与分发传播的重要参考依据。网民的素质和行为对网络内容的生产者、网络平台的运营者、网络社会的发展趋势有重要的影响,需要网络平台运营者通过上网规则、平台约定、入网须知、技术限制等方式引导网民增强责任自负意识、依法上网意识、文明上网意识、个人隐私意识、网络安全与风险意识等,让每位用户都能够加强网络行为自律,从而促进网络空间生态良好。

建立效果端的网络内容治理评价体系。网络内容治理应坚持效果导向,建立一套具备科学性、操作性、系统性、权威性的网络空间生态评价指标体系,明确评价的对象、方法、频率、主体、发布流程、后续反馈等,一以贯之地坚定执行下去,确保取得实效。网络内容治理评价的参与主体主要有三个,一是国家层面和地方层面的网络内容治理主管部门;二是以学术机构为代表的第三方评估机构;三是网络内容生产与分发平台。网络工作职能部门负责制定、修改和主导实施网络内容治理评价的制度性文件;组织、委托或聘用第三方机构建构和完善网络内容治理评价指标体系;运用评价评估结果指导、监督和推动网络内容生产者和网络平台运营者履行主体责任,树立正面价值导向。第三方评估机构应秉持科学、公正的原则,发挥研究机构的权威性和专业性,在相关理论和经验研究的基础上建构一套经得起实践检验的评价指标体系,并根据监管部门和相关网络内容主体的意见反馈及时修改完善评价指标体系，使之与网络生态建设的实际情况同步发展，真正发挥网络内容建设风向标作用。

（作者系北京大学新媒体研究院院长）

《光明日报》（2019年02月26日　16版）

第四章

开启网络强国建设新征程

　　网络安全和信息化是事关国家安全和国家发展、事关广大人民群众工作生活的重大战略问题，要从国际国内大势出发，总体布局，统筹各方，创新发展，努力把我国建设成为网络强国。

　　——2014年2月27日，习近平在中央网络安全和信息化领导小组第一次会议上发表讲话

互联网发展的中国速度

姜永斌　焦云鹏

4月20日对于中国互联网来说是个特殊的日子。25年前的这一天，中国通过一条64K国际专线，实现了与国际互联网的第一条TCP/IP全功能连接，正式加入国际互联网大家庭。

互联网被公认为人类最伟大的发明之一，改变了人类世界的空间、时间和思想维度。其快速发展的影响范围之广、程度之深，是其他科技成果所难以比拟的。特别是党的十八大以来，党中央高度重视互联网、发展互联网、治理互联网，推动网信事业取得历史性成就。

"信息化为中华民族带来了千载难逢的机遇。"习近平总书记强调指出，我们必须敏锐抓住信息化发展的历史机遇，自主创新推进网络强国建设。如今，信息化和经济全球化相互促进，互联网早已经融入社会生活的方方面面，中国在网民数量、移动网络规模、移动支付规模等方面均稳居世界第一，正向着网络强国的目标阔步前进。

互联网为中国注入发展活力

从美国阿帕网算起，互联网的历史可以追溯到1969年10月。而中国与互联网的首次接触源于1987年9月，国内第一封电子邮件从北京计算机应用技术研究所内的一台计算机发出，跨越千山万水送至德国卡尔斯鲁厄大学。

此后，国内计算机网络的研究与搭建一直局限在少数几所高校和研究机构内，直到1995年1月，原邮电部电信总局分别在北京、上海设立通过美国Sprint公司接入美国的64K专线，开始向社会提供互联网接入服务。

对于老网民来说，在20世纪90年代"上网冲浪"是一件很麻烦的事。当年用"猫"拨号上网，用户需要将调制解调器连接上电话线，通过拨打互联网服务提供商的接入号连接到互联网上。

90年代后期，网易、搜狐、新浪相继成立，中国互联网进入了"门户时代"。而马云、马化腾、李彦宏们，也在摩拳擦掌，准备成为时代的弄潮儿。

在拨号上网时代，全国平均网速只有14.4K至56K，换算成下载速度是每秒7KB。进入21世纪，ADSL宽带上网开始普及，上网速度得到极大提升，资费也逐渐走低。

到了2008年，我国创造了互联网发展的三项世界第一：网民数量首次跃居世界第一；宽带网民数量居世界之首；CN域名成为全球注册量最大的国家顶级域名。以互联网发展为代表的信息革命深刻重塑了经济社会和生产生活的形态，为中国注入了无限发展活力。

从光纤加速入户，到 4G 覆盖，再到提速降费……近几年来，一条条信息"高速路"在中国版图上迅速铺开，信息"孤岛"加快消除，即使是偏远地区，动辄几十兆甚至上百兆的优质网络也越来越普及。

2018 年第三季度末，全国行政村通光纤比例达到 96%，贫困村通宽带比例超过 94%，已提前实现国家"十三五"规划提出的"宽带网络覆盖 90% 以上贫困村"目标。工信部印发的《关于推进网络扶贫的实施方案（2018—2020 年）》显示，到 2020 年，全国 12.29 万个建档立卡贫困村宽带网络覆盖比例将超过 98%。

"互联网走过了 50 年，全球的互联网普及率超过了 55%，中国全面接入互联网 25 年，互联网普及率超过了全球平均水平。"中国工程院院士、中国互联网协会理事长邬贺铨在 2019 中国互联网产业年会上表示。

截至去年底，我国网民规模达 8.29 亿，其中，通过手机接入互联网的比例高达 98.6%。敏锐把握住互联网时代的脉搏，中国以开放的姿态、进取的精神在 25 年间创造出令世界惊叹的互联网发展的中国速度。

"世界上最遥远的距离就是没网。"如今，互联网已经成为一个社会信息大平台，亿万网民在上面获得信息、交流信息，这对人们的求知途径、思维方式、价值观念产生重要影响，极大提高了人类认识世界、改造世界的能力，更有力推动着社会发展与进步。

互联网之光照进百姓生活

1999 年 9 月，多家新闻媒体发起"72 小时网络生存测试"：12 名选手不能携带任何饮料和食品，72小时内只允许通过房间里一台上网电脑从外界获取食物、水以维生。结果由于当时网购的落后，选手们屡屡碰壁，一个商家提供的豆浆网络外卖成为选手们唯一可以用来果腹的食物，网络生存被认为仍是童话。

如今，这一场景早已成为过去式。

2003年5月，个人网上贸易平台"淘宝网"的上线，真正开启了中国的"网购时代"。数以千万计的中小创业者也在涅槃重生的互联网经济中寻找着改变人生的价值。在淘宝上，很多年轻的80后、90后卖家，直到深夜还盯在网上，随时响应用户订单并发货。

轻点鼠标，就可以实现下单、买单，喜爱的商品直送到家；动动手指，就可以完成网上缴水电费，不用排长队；网上开店，特色农产品就可以从大山深处走向全国各地，带动当地农民致富……从社交到教育，从订票到支付，从购物到打车，互联网在人们的生活中已无处不在。

博客、微博和微信的普及，也让个体网民成为创造者、建设者和分享者，带着开放、共享、创新的互联网精神，成为网上的主体力量。

"我们的目标，就是要让互联网发展成果惠及13亿多中国人民，更好造福各国人民。"习近平总书记在第二届世界互联网大会开幕式上的主旨演讲掷地有声。

近几年，网络越来越便捷快速、信息交互越来越频繁，有效提高了一些企业的生产效率，有效提高了普通居民的生活质量，有效带动了创新创业，也让越来越多的梦想有了实现的途径。

跨境电商、农村电商、共享经济、互联网金融、智能设备……一系列基于互联网的各类创新方兴未艾，大量互联网催生的新产品新业态竞相涌现，带动全社会兴起了创新创业热潮。

2018年11月11日，仅天猫"双十一"购物节总成交额就突破了2135亿元，再次震惊世界。有观点认为，中国的数字经济发展尤为迅速，一个重要原因是"互联网+"概念的深入人心，推动了数字技术与传统经济的创新融合。

互联网给百姓生活带来的好处远不止于此。城镇化中，通过海量数据打造智慧城市、无线城市等不断提升城市建设服务水平；休闲体验中，游戏、娱乐、电子商务等多元化应用不断刷新。与民生相关的各个领域，都在触"网"中，让普通百姓越来越有获得感。

核心技术必须掌握在自己手中

千年水乡乌镇，连续5年举办世界互联网大会，每一次都吸引着全世界的目光。

深度学习神经网络处理器、神威·太湖之光超算、智慧大脑、光量子计算机……近几年，互联网领先科技成果每年都会在世界互联网大会上发布，中国与全球科技巨头同台竞技。

核心技术是国之重器，是信息化发展的基石。

我国互联网和信息化工作取得了显著发展成就，但是同世界先进水平相比，在互联网创新能力、基础设施建设、信息资源共享、产业实力等方面还存在不小差距，其中最大的差距在核心技术上。习近平总书记反复强调，要"紧紧牵住核心技术自主创新这个'牛鼻子'""把关键核心技术掌握在自己手中"。

"核心技术受制于人是我们最大的隐患。"在2016年4月19日召开的网络安全和信息化工作座谈会上，习近平总书记用人人都懂的砌房子作喻，"一个互联网企业即便规模再大、市值再高，如果核心元器件严重依赖外国，供应链的'命门'掌握在别人手里，那就好比在别人的墙基上砌房子，再大再漂亮也可能经不起风雨，甚至会不堪一击。"

"网络信息技术酝酿着一次革命性升级。"去年11月，第五届世界互联网大会上发布的《世界互联网发展报告2018》指出，网络信息技术发展至今，部分细分领域已经接近其理论或物理极限，正在与崛起的人工智能、量子计算等技术加速融合，带动网络信息技术产业链的革新。

今年1月，华为正式发布首款7纳米工艺多模芯片"巴龙5000"，被誉为世界最快的5G基带芯片。在近日的全球分析师大会上，华为透露在全球已经签订了40个5G商用合同。

短短数年间，我国互联网领域部分核心技术实现了创新突破，集成电路、操作系统等基础通用技术加速追赶，人工智能、大数据、云计算、物联网等前沿技术研究加快，量子通信、高性能计算等取得了重大突破。

从首届世界互联网大会提出"命运共同体"，到第二届提出全球互联网发展治理的"四项原则""五点主张"，再到近三届强调"携手共建网络空间命运共同体"，在这里，中国主张、中国方案越来越得到各方赞同，中国经验、中国成就为世界发展注入更多新活力。

我国新一代信息基础设施实现了跨越式发展，移动通信在2G跟随、

3G突破、4G赶超的基础上，有望实现5G引领，建成了全球最大的固定光纤网络、4G网络，IPv6规模部署提速，天地一体化信息网络加快构建。

如今，从互联网催生的新产品新业态竞相涌现，到数字技术将人们想象中的智能新生活变为现实；从出台网络安全法开启依法治网新阶段，到数字经济的"大动脉"更加通畅……亿万国人的世界因互联网而更多彩，百姓的生活因互联网而更丰富。

（作者系中国纪检监察报记者）

《中国纪检监察报》（2019年04月22日　06版）

开启网络强国战略新征程

张 洋 倪 弋

网络安全和信息化是事关国家安全和发展、事关广大人民群众工作生活的重大战略问题。当前,我国网民数量全球第一,电子商务总量全球第一,电子支付总额全球第一,是一个名副其实的网络大国。

互联网迅猛发展,机遇与挑战并存:如何牢牢抓住信息化发展的历史契机,促进经济发展增进人民福祉?如何正确把握网络安全与发展的关系,让网络空间既充满活力又安全清朗?面对全球网络治理难题,中国如何贡献更多智慧和方案?

因势而谋、应势而动、顺势而为。党的十八大以来,以习近平同志为核心的党中央重视互联网、发展互联网、治理互联网,统筹协调涉及政治、经济、文化、社会、军事等领域信息化和网络安全重大问题,做出一系列重大决策,提出一系列重大举措,形成了网络强国战略思想,网信事业取得历史性成就,我国正从网络大国阔步迈向网络强国。

信息化引领经济社会发展，人民群众享有越来越多获得感

今年前三季度，全国网上零售额 62785 亿元，同比增长 27%。其中，实物商品网上零售额 47938 亿元，同比增长 27.7%，对社会消费品零售总额增长的贡献率达到 44.6%……10 月 25 日商务部例行新闻发布会上，发言人指出，今年以来，我国电子商务仍然保持较高速度的增长态势。

网信事业代表着新的生产力和新的发展方向。如今，各行各业都在以信息流带动技术流、资金流、人才流、物资流，加快制造业、农业、服务业的数字化、网络化、智能化，特别是我国还大力依靠信息技术创新驱动，不断催生新产业新业态新模式，用新动能推动新发展。

工信部直属研究机构中国信息通信研究院发布的报告显示，2017 年中国数字经济规模达 27.2 万亿元，占国内生产总值（GDP）比重达到 32.9%，就业人数达到 1.71 亿人，占当年总就业人数的 22.1%；全球互联网企业市值前 20 强中，我国企业占据了 9 席……数字经济大踏步向前发展，成为驱动我国经济发展的重要力量。

其中，核心技术是国之重器。我国狠抓信息产业体系建设，加速推动信息领域核心技术突破，加大对人工智能、云计算、大数据等前沿技术的研究，在量子通信、高性能计算机、5G 网络技术等领域取得重大突破。

网信事业发展始终贯彻以人民为中心的发展思想。从远程课堂带领山里娃迈过"数字鸿沟"，到寻亲平台帮助失踪儿童回家，从"互联网+"带动创业热潮，到互联网政务"让群众少跑腿"……党的十八大以来，

我国网信事业着力补齐民生短板，亿万人民在共享互联网发展成果上拥有更多获得感、幸福感和安全感。

甘肃省陇南市徽县水阳镇山大沟深，交通落后，群众生活不富裕。80后姑娘梁倩娟开起网店创业，依靠一根网线，就把农产品销往全国各地。如今，梁倩娟的线上销售收入累计达到450多万元，还带动村里30多个贫困户脱贫致富。

梁倩娟的经历是"互联网＋扶贫"的一个缩影。目前，我国建档立卡贫困村通宽带比例超过86%，今年有望提前超额完成"十三五"规划纲要提出的"宽带网络覆盖90%以上的贫困村"目标；499个国家级贫困县已纳入电子商务进农村综合示范支持范围，占全部贫困县的60%……互联网在脱贫攻坚中发挥重要作用，为决胜全面小康增添助力。

网络安全防线不断筑牢，网络空间更加清朗

没有网络安全就没有国家安全，就没有经济社会稳定运行，广大人民群众利益也难以得到保障。党的十八大以来，我国始终坚持依法治网，形成党委领导、政府管理、企业履责、社会监督、网民自律等多主体参与，经济、法律、技术等多种手段相结合的综合治网格局，网络空间更加清朗。

2017年6月1日，网络安全法正式施行，网络安全各项工作纳入法治化轨道。与此同时，《国家网络空间安全战略》《通信网络安全防护管理办法》等配套规章、政策文件相继出台；金融、能源、电力、通信、交通等领域的关键信息基础设施建设不断加强;"网络空间安全学院"在多所大学落地,"网络空间安全"成为一级学科……网络安全防线正在不断筑牢。

网络空间是亿万民众共同的精神家园。网络空间天朗气清、生态良好,符合人民利益。网络空间乌烟瘴气、生态恶化,不符合人民利益。2018年以来,国家主管部门协同发力,联合整治炒作明星绯闻隐私和娱乐八卦、约谈直播短视频平台、将违规网络主播纳入跨平台禁播黑名单等,对当前社交媒体及网络视频平台上存在的违法违规行为打出一系列"组合重拳"。

近年来,国家相关部门还持续开展"净网""剑网""清源""护苗"等系列专项治理行动,网络谣言、网络色情等乱象得到有效整治。其中,电信诈骗百姓深恶痛绝,公安机关坚持侦查打击、重点整治、防范治理三管齐下,2017年破案13.1万起,查处违法犯罪人员5.3万名,同比分别上升57.8%、53.09%;立案59.6万起,同比下降5.2%;涉案金额同比下降33.5%。

一方面是依法严厉打击网络乱象,一方面是不断弘扬网络正能量。近年来,主流网络媒体加强和改进网络正面宣传和舆论引导,进一步巩固共同思想基础;"全国网络诚信宣传日""中国好网民工程"等活动成功举行,公民网络文明素养大幅提升;自2014年起,我国连续每年举办国家网络安全宣传周,营造网络安全人人有责、人人参与的良好氛围……如今,互联网日益成为社会主义核心价值体系的有益传播者。

贡献"中国方案",积极推进全球互联网治理体系变革

2018年11月7日至9日,互联网世界将再度迎来"乌镇时间"。以"创造互信共治的数字世界——携手共建网络空间命运共同体"为主题的第五届世界互联网大会将在这里举办。如今,由我国倡导的世界互联网大会已经成为中国与世界互联互通的国际平台、国际互联网共享共治的中国平台。

"互联网发展是无国界、无边界的,利用好、发展好、治理好互联网必须深化网络空间国际合作,携手构建网络空间命运共同体。"在世界互联网会场,中国向世界发出倡议,提出推进全球互联网治理体系变革的中国方案,受到全世界范围内的高度评价和广泛赞誉。

推进全球互联网治理体系变革是大势所趋、人心所向。从《网络空间国际合作战略》的发布,到G20杭州峰会《二十国集团数字经济发展与合作倡议》的签署,从共同推动互联网关键资源管理权完成转移,到积极助推互联网域名地址分配机构的国际化进程,我国不断深化网络空间国际合作,推动世界各国共同搭乘互联网和数字经济发展的快车。

其中,近年来中国—东盟信息港建设、中阿网上丝绸之路经济合作试验区建设率先启动,一大批优秀企业积极走出国门,在宽带信息基础设施、大数据、跨境电商、智慧城市等新兴产业领域,为"一带一路"参与国家提供了高质量的信息产品和技术服务,有力促进了各国经济社会发展。

2018年3月,中共中央印发的《深化党和国家机构改革方案》,揭

开国家网信事业的新篇章——中央网络安全和信息化领导小组改为中央网络安全和信息化委员会,负责这一领域重大工作的顶层设计、总体布局、统筹协调、整体推进、督促落实。

这是奔腾不息的大潮,正在改变人类发展的历史进程;这是充满活力的事业,正在成为推动我国不断前进的强大力量。在习近平新时代中国特色社会主义思想指引下,中国正以更自信、更有力的步伐迈向网络强国,必将让互联网更好地造福世界和人民。

(作者系人民日报记者)

《人民日报》(2018年11月04日 04版)

网络强国战略思想的重大意义和实践要求

陈志勇

在今年4月召开的全国网络安全和信息化工作会议上,习近平总书记强调:"我们不断推进理论创新和实践创新,不仅走出一条中国特色治网之道,而且提出一系列新思想新观点新论断,形成了网络强国战略思想。"最近,习近平总书记又在全国宣传思想工作会议上强调,我们必须科学认识网络传播规律,提高用网治网水平,使互联网这个最大变量变成事业发展的最大增量。深刻领会网络强国战略思想的重大意义、内在逻辑和实践要求,对于我们准确把握信息革命的历史机遇、加快推进网络强国战略、建设社会主义现代化强国,都具有十分重要的意义。

一、网络强国战略思想的重大意义

当前,人类社会正在经历着信息革命和数字化浪潮,这是继农业革命、工业革命之后的又一次历史性巨变。新一代信息技术已经全面融入社会生产生活，深刻改变着全球经济格局、利益格局、安全格局，给各国经济社会发展、国家管理、社会治理、人民生活带来重大而深远的影响。网络强国战略思想围绕什么是网络强国、为什么要建设网络强国、怎么建设网络强国提出了一系列新思想新观点新论断，科学回答了事关网信事业长远发展的一系列重大理论和实践问题，是对信息社会阶段性特征的准确把握，顺应了时代发展需求，也必将有力推动社会发展进步。

习近平总书记强调，"网信事业代表着新的生产力、新的发展方向"，"信息化为中华民族带来了千载难逢的机遇"。当前，信息革命及其引起的产业变革与我国加快转变经济发展方式形成历史性交汇，网络强国战略思想的形成，为推进网络强国建设指明了前进方向、提供了行动指南。党的十八大以来，以习近平同志为核心的党中央重视互联网、发展互联网、治理互联网，统筹协调涉及政治、经济、文化、社会、军事等领域信息化和网络安全重大问题，做出一系列重大决策、提出一系列重大举措，推动网信事业取得历史性成就，走出了一条中国特色治网之道。实践证明，网络强国战略思想是我国推进网络强国建设的坚强指引，必须长期坚持贯彻。

当前，互联网深刻改变着全球经济格局、利益格局、安全格局，推进全球互联网治理体系变革是大势所趋、人心所向。要解决互联网发展过程中出现的各种问题，利用好、发展好、治理好互联网，必须深化网络空间国际合作，携手构建网络空间命运共同体。习近平总书记提出关于构建网络空间命运共同体的思想，是应对信息化挑战的迫切要求，是培育发展新动能的必然选择，充分展现了中国在全球互联网治理中的大国担当，为推进全球互联网健康、安全、可持续发展贡献了中国智慧和中国方案。

二、网络强国战略思想的内在逻辑

扎根实践的生成逻辑。毋庸置疑，网络强国战略思想植根于中国大地，源自长期的思考和实践。早在福建工作期间，习近平总书记就高度重视信息化对经济社会发展的重要作用，做出了建设"数字福建"的重要决策，经过多年探索和实践，福建在电子政务、数字经济、智慧社会等方面取得了长足进展。党的十八大以来，从亲自担任中央网络安全和信息化领导小组组长，到主持召开网络安全和信息化工作座谈会，再到出席第二届世界互联网大会……习近平总书记多次对我国网信事业发展做出重要指示，提出明确主张，以宏阔视野和战略思维，高瞻远瞩地提出了网络强国战略思想，就如何认识、运用、发展、管理互联网等提出了一系列战略性、前瞻性、创造性观点，深刻回答了中国是否要发展互联网、怎样发展互联网等重大理论和实践问题，深刻揭示了互联网的本质特征、发展规律、发展路径。

有机统一的系统逻辑。习近平总书记在系列重要讲话中，深刻阐明了网信工作在党和国家事业全局中的重要地位。过不了互联网这一关，就过不了长期执政这一关。网络强国战略思想明确了提高网络综合治理能力、加强网络安全、加速推动信息领域核心技术突破、推动网信事业发展、推进网信军民融合、推进全球互联网治理体系变革、加强党中央对网信工作的集中统一领导等诸多方面的工作要求。这一思想科学回答了事关网信事业长远发展的一系列重大理论和实践问题，为把握信息革命历史机遇、加强网络安全和信息化工作、加快推进网络强国建设明确了前进方向、提供了根本遵循，具有重大而深远的意义。

人民中心的价值逻辑。"坚持以人民为中心"是新时代坚持和发展中国特色社会主义的基本方略之一，也是网络强国战略思想的核心价值取向。习近平总书记强调，"网信事业要发展，必须贯彻以人民为中心的发展思想"，"为老百姓提供用得上、用得起、用得好的信息服务"。"用得上"就要大力提升互联网创新能力、基础设施建设、信息资源共享、产业实力等，让人民享用网络带来的便利、实惠，更有获得感；"用得起"就要加快信息化服务普及，降低应用成本，让人民能够轻松、无负担地使用网络信息，更有幸福感；"用得好"就要让人民享有安全、有序的网络空间，更有安全感。总之，网信事业的发展要做到发展依靠人民、发展为了人民、发展成果由人民共享。

三、网络强国战略思想的实践要求

加强网络空间治理。坚持党中央对网信工作的集中统一领导，确保网信事业始终沿着正确方向前进。主动适应信息化要求、强化互联网思维，不断提高"四种能力"，即对互联网规律的把握能力、对网络舆论的引导能力、对信息化发展的驾驭能力、对网络安全的保障能力。坚持依法管网、依法办网、依法上网，确保互联网在法治轨道上健康运行。运用互联网思维和网络传播规律，把握好网上舆论引导的时度效，坚持正确舆论导向，用习近平新时代中国特色社会主义思想团结和凝聚亿万网民，用社会主义核心价值观引领网络文化。

突破重点核心技术。习近平总书记多次强调"核心技术是国之重器""要下定决心、保持恒心、找准重心，加速推动信息领域核心技术突破"。我国的网络技术虽然发展迅猛，但是核心芯片、智能终端操作系统等核心技术的自主研发能力依然严重不足。为此，需要进一步加强在基础科学领域和尖端技术领域的人才培养和研发投入，探索组建产学研用联盟、揭榜挂帅，推动强强联合、协同攻关；充分发挥市场在资源配置中的决定性作用，更好地发挥政府作用，为信息领域核心技术研发提供市场动力，积极推动核心技术成果转化。

大力发展网信事业。以新发展理念引领网信事业发展，围绕建设现代化经济体系，加快信息化发展，助力我国经济从高速增长转向高质量发展。推动数字产业化和产业数字化，释放数字对经济发展的放大、叠加、倍增作用。推动互联网、大数据、人工智能和实体经济深度融合，加快制造业、农业、服务业数字化、网络化、智能化。加快推进电子政务，构建一体化在线服务平台，让百姓少跑腿、数据多跑路，不断提升公共服务均等化、普惠化、便捷化水平。

推进全球治理变革。构建多边、民主、透明的国际互联网治理新体系，保障国家主权、安全、发展利益在互联网空间下不受损害。注重发挥互联网在国际经济贸易与合作中的独特作用，以"一带一路"建设等为契机,加强同相关国家特别是发展中国家在网络基础设施建设、数字经济、网络安全等方面的合作,建设21世纪数字丝绸之路。通过互联网加强世界文明的交流与融合,倡导合作、共享、包容的理念,与世界各国携手共建网络空间命运共同体。

(作者系福建省中国特色社会主义理论体系研究中心特约研究员、福建师范大学马克思主义学院教授)

《光明日报》(2018年09月12日 06版)

在通向网络强国的征程上稳步前进

余俊杰　白　瀛

为加强党中央对网信工作的集中统一领导，强化决策和统筹协调职责，2018年3月，中央网络安全和信息化领导小组改为中央网络安全和信息化委员会，负责网信领域重大工作的顶层设计、总体布局、统筹协调、整体推进、督促落实。

去年4月，全国网络安全和信息化工作会议在京召开。习近平总书记出席会议并发表重要讲话。他强调，信息化为中华民族带来了千载难逢的机遇。我们必须敏锐抓住信息化发展的历史机遇，加强网上正面宣传，维护网络安全，推动信息领域核心技术突破，发挥信息化对经济社会发展的引领作用，加强网信领域军民融合，主动参与网络空间国际治理进程，自主创新推进网络强国建设，为决胜全面建成小康社会、夺取新时代中国特色社会主义伟大胜利、实现中华民族伟大复兴的中国梦做出新的贡献。习近平总书记关于网络强国的重要思想，深刻回答了事关网信事业发展的一系列重大理论和实践问题，为加快推进网络强国建设指明了前进方向、提供了根本遵循。

从融入日常生活的社交通信软件到电商购物平台、移动支付应用；从推动放管服、覆盖连接全国的电子政务系统到正在大力研发的5G、大数据、物联网新兴产业技术……中央网络安全和信息化委员会成立一年来，我国网信事业快速健康发展，网络内容建设持续加强，网络安全保障能力稳步提升，信息技术和数字经济蓬勃发展，网络空间国际合作不断深化，持续为全球互联网发展治理贡献中国经验、中国智慧。

内容建设守正创新，网络空间日益清朗

2019年1月，习近平总书记在主持中共中央政治局第十二次集体学习时发表重要讲话。他强调，要"深刻认识全媒体时代的挑战和机遇""全面把握媒体融合发展的趋势和规律""推动媒体融合向纵深发展"。习近平总书记指出："正能量是总要求，管得住是硬道理，现在还要加一条，用得好是真本事。"

过去一年，媒体融合发展取得积极成效，网络内容建设和管理工作不断展现新气象、实现新作为。网上正面宣传守正创新，既坚持正确的政治方向、舆论导向、价值取向，又深入推进理念、内容、形式、方法、手段等创新，宣传的质量和水平进一步提升。

习近平新时代中国特色社会主义思想网上宣传不断往深里走、往实里走，党的创新理论通过互联网"飞入寻常百姓家"。网上重大主题宣传出新出彩、亮点纷呈,党的声音成为网络空间最强音。宣传思想战线主力军加速进入互联网主战场,传播力、引导力、影响力、公信力进一步提升。

一年来,依法管网治网进一步加强,网络舆论环境持续净化,网络生态日趋良好,网上正能量更加强劲、主旋律更加高昂。

联合整治炒作明星绯闻隐私和娱乐八卦、约谈自媒体平台、将违规网络主播纳入跨平台黑名单……2018年以来,国家主管部门协同发力,对当前社交媒体及网络视频平台上存在的违法违规行为打出一系列"组合重拳"。

2018年11月,《具有舆论属性或社会动员能力的互联网信息服务安全评估规定》对社会公布,旨在督促指导具有舆论属性或社会动员能力的信息服务提供者履行法律规定的安全管理义务,维护网上信息安全、秩序稳定,防范谣言和虚假信息等违法信息传播带来的危害。

2018年12月,《金融信息服务管理规定》发布,旨在加强金融信息服务内容管理,提高金融信息服务质量,促进金融信息服务健康有序发展。

2019年1月,《区块链信息服务管理规定》发布,旨在明确区块链信息服务提供者的信息安全管理责任,规范和促进区块链技术及相关服务健康发展,防范区块链信息服务安全风险,为区块链信息服务的提供、使用、管理等提供有效的法律依据。

一项项政策,剑指网络空间的不良现象与突出问题。

围绕侵犯公民个人信息的犯罪行为,公安部、工信部、网信办等部门加大与最高人民法院、最高人民检察院协作配合力度,形成治理合力。2018年以来,公安部等部门持续开展打击整治网络侵犯公民个人信息安全的"净网"专项行动,有力筑牢公民个人信息防护墙。

一年来,网络社会组织"同心圆"工程在各地深入开展,各级各类网络社会组织积极发挥作用,有力推动互联网行业自律。

2019年年初,一批学习类APP企业共同发布行业自律倡议,倡导建设高效、健康、有价值的"互联网+教育"行业,加强审核,杜绝色情暴力、网络游戏、商业广告及违背教育教学规律等内容。

从出台《互联网新闻信息服务管理规定》《互联网用户公众账号信息服务管理规定》等规范性文件,为依法治网、办网、用网提供基本依据;到开展"净网""剑网""清源""护苗"等系列专项治理行动,网络谣言、网络色情等网络乱象得到有效整治;再到"全国网络诚信宣传日""中国好网民工程"等一批活动成功实施,公民网络素养大幅提升。

信息技术高速发展,数字经济势头强劲

习近平总书记强调,网信事业代表着新的生产力和新的发展方向,应该在践行新发展理念上先行一步。

"刷脸"入住的民宿、招手即停的无人驾驶车、在家就能看名医的智慧医疗、不用带钱包走遍全镇的移动支付……已经连续举办五届世界互联网大会的乌镇,既是白墙黛瓦、桨声欸乃的千年水乡,又处处闪耀着互联网和数字经济的因子。

手机扫一扫二维码,共享单车上的锁应声打开;一句语音指令,灯光为你点亮家的温暖,窗帘也缓缓拉上;一觉醒来,智能穿戴设备已将你一夜的睡眠质量向手机"报告"……物联网技术应用已悄然进入人们的日常生活。

基于 5G 技术,医生通过屏幕就可以实时、全景看到远在千里之外的救护车上的情景,并通过遥感、遥控、遥测等技术直接进行心电图和 B 超检测。

"相当于把医院急救前移到了上救护车的那一刻,将来还可以实现远程手术等更为高端的医疗应用。"浙江大学医学院附属第二医院急诊科副主任医师李强说。

新时代孕育新业态,新征程召唤新使命。

一年来,互联网与实体经济融合发展的趋势日趋明显。云计算、工业互联网成为驱动企业数字化转型的重要动力,大型互联网平台企业持续通过互联网、大数据、云计算、人工智能等技术赋能实体经济,形成一批行业领先的工业互联网平台。

一年来,我国在大数据、人工智能、5G 等领域科研能力不断增强。根据第 43 次《中国互联网络发展状况统计报告》,我国多项 5G 技术方案进入国际核心标准规范,推进速度、质量均位居世界前列;截至 2018 年 11 月,我国人工智能相关专利申请量已超过 14.4 万件,占全球申请总量的 43.4%,居全球首位。通过数字基础设施、数字消费者、数字产业生态、数字公共服务、数字科研五方面综合评价数字经济的水平、结构与发展路径,我国全球排名第二。

一年来，网络安全保障能力和水平显著提升，有效应对和化解新形势下的网络安全威胁。一批基于大数据、人工智能、区块链的网络安全技术逐渐成熟，网络安全产业规模再创新高，网络安全产品和服务的国际竞争力进一步增强。

一串串数据、一项项成果，折射出我国网信科技事业发展的一系列历史性成就、历史性变革。

更好顺应人民期待，大力提升百姓福祉

常年网购的杭州白领陈粟今年感受到一个显著变化："过去在一些网络平台上购买机票，总是一不留神就买了默认搭售的酒店券、打车券，让人头疼。这些天我买机票时发现默认搭售的项目已经取消了，真是大快人心。"

购买"水军"刷好评、擅自删除评价、暗中搭售、利用大数据"杀熟"……部分电商利用信息不对称，严重损害消费者的知情权、选择权等合法权益。针对这些问题，今年1月1日起正式实施的电子商务法，进一步营造了公平竞争的网络市场秩序，堪称一剂"对症良药"。

习近平总书记指出，网信事业发展必须贯彻以人民为中心的发展思想，把增进人民福祉作为信息化发展的出发点和落脚点，让人民群众在信息化发展中有更多获得感、幸福感、安全感。

人脸识别、无人超市、VR在线教育、无人驾驶舱、人工智能主播……数字技术正在将人们想象中的智能新生活变为现实。

上课用的电子白板换成了触摸屏、名师课程可"点单式"播放……今年全国"两会"期间，全国人大代表、山东省临沂北城小学校长张淑琴展示了当地教育信息化成果。"信息技术与教育教学深度融合，让很多乡村学校享受到优质教育资源，学生的学习效果明显提升。"

一年来，各级政府部门积极推进政务服务和民生领域的信息化应用，与公众生活息息相关的应用持续拓展和延伸，更好地满足人民日益增长的美好生活需要。

随着"互联网+政务服务"深化发展，各级政府依托网上政务服务平台，推动线上线下集成融合，全国统一、多级互联的数据共享交换平台加强建设，通过"数据多跑路"，实现"群众少跑腿"。从"最多跑一次"到"不见面审批"，从"粤省事"再到"秒批"，政务服务创新层出不穷……

2018年6月，中央网信办等四部门联合发布《2018年网络扶贫工作要点》，推进网络覆盖、农村电商、网络扶智、信息服务、网络公益五大工程向纵深发展。

山西省隰县果农王平曾是村里的建档立卡贫困户，2017年靠发展农村电商摘掉了贫困户的"帽子"，2018年在网上卖水果，年收入超过10万元。依靠农村电商发展，2018年山西省贫困地区农产品网络销售金额达33.2亿元，带动27.4万贫困人口增收。

随着乡村振兴战略推进，农村电子商务综合示范基地建设不断深入，数字经济与乡村振兴得以密切结合，成为推动全面小康社会建设的重要措施。

四川省眉山市民王凯去年底在移动营业厅办理套餐时发现，每个月只需58元，除了通话分钟数和流量外，还可获赠宽带和电视收视服务，家庭成员间通话全免费。

网络覆盖越来越好，网速越来越快，资费逐步降低，流量套餐包越来越实惠，全国乃至海外漫游压力不再……2018年，包括全面取消手机流量漫游费等多项提速降费措施，让百姓得到了实实在在的优惠。

从1997年到2018年，我国网民数量从62万增长到8.29亿，互联网普及率从0.03%增长至59.6%，网络零售交易额规模已居世界第一。未来5到10年，我国还计划建成全球最大规模的IPv6商业应用网络，实现下一代互联网在经济社会各领域深度融合应用。

电子政务、农村电商、在线教育、分享经济、智慧出行、移动支付、远程诊疗……互联网新产品新业态竞相涌现，推动全社会创新创业热潮的同时，有力促进了基本公共服务均等化。互联网新动能推动民生水平再上台阶，网信事业发展成果正越来越好地造福人民。

（新华社北京3月20日电　作者系新华社记者）

《人民日报》（2019年03月21日　06版）

凝心聚力推进新时代网络强国建设

黄楚新

■ 新时代背景下,继续推进网络强国建设依然任重而道远。我们要不忘初心,坚持以习近平新时代中国特色社会主义思想作为根本指导;吸收外来,学习借鉴国外互联网发展先进技术与经验;面向未来,做好趋势前瞻与战略布局,服务网络强国建设,加快实现中华民族伟大复兴的中国梦。

当今世界,随着新型信息技术的迅猛发展,互联网已经渗透到社会生活的各个角落,给全球政治、经济、文化等领域都带来了深刻影响,不断解构和重构着人们的生产生活方式。尤其是党的十八大以来,我国改革开放力度不断加大,互联网发展势头更加迅猛,习近平总书记多次从人类历史发展与党和国家全局高度对互联网发展做出重要论述和战略部署,为我国新时代网信事业发展和建设网络强国提供了根本遵循。今年恰逢改革开放40周年,习近平总书记在全国网络安全和信息化工作会议上发表讲话时提出,要"敏锐抓住信息化发展的历史机遇……自主创新推进网络强国建设",在这一重要时间节点,习近平总书记的重要讲话系统阐释了网络强国战略思想,为继续推进新时代网络强国建设指明了方向。

审时度势:全民共享互联网发展成果

习近平总书记提出,网信事业发展必须贯彻以人民为中心的发展思想,把增进人民福祉作为信息化发展的出发点和落脚点,让人民群众在信息化发展中有更多获得感、幸福感、安全感。随着我国网络建设加快推进,互联网发展成果正在惠及亿万中国人民。

信息化进程加速,人民生活质量显著提升。互联网的移动化、便捷化、社交化等特性不断降低进入门槛,老百姓可以轻松地用得上、用得起、用得好信息服务,人们向往的美好生活逐渐成为现实。"互联网+公共服务"始终以人民为中心,坚持问题导向,在医疗、教育、交通等方面不断提升服务水平,使互联网发展真正为民、便民、利民,人民群众获得感越发增强。数字经济崛起并飞速发展,成为中国经济发展新的增长点,不断激发市场活力,为改革开放向纵深推进提供了更充足动力,积极打造新产业新动态。网络多元文化丰富了人们的精神世界,满足了人们日益增长的精神需求,民族自信心和自豪感不断增强。今后伴随人工智能、大数据等新技术运用到生产生活的各个领域,社会信息化服务水平将更上一层楼。

依托网上群众路线，形成网上网下同心圆。在开展具体工作的过程中，各级党委和政府自觉强化和运用互联网思维，充分发挥互联网优势，认真走好网上群众路线，在政府决策、社会治理和公共服务方面切实提升了群众的满意度和认同感，增强了人民群众的获得感。切实提升领导干部的学网懂网用网能力，政务上网逐渐成为主流，社会主义主流意识形态的引领力不断得以强化，习近平新时代中国特色社会主义思想更加深入人心。借助互联网及时答疑解惑，有效疏解网上不良社会情绪，有力批驳和打击网络空间消极、极端、反动等社会思潮，守护好了网上舆论阵地。依托互联网及时宣介党的理论主张和路线方针政策，注重线上线下互动，有效构筑网上网下同心圆，使人民群众紧密团结在党的周围，民族凝聚力和向心力不断增强。

提前谋划：准确把握互联网发展趋势

数字经济将引领未来经济发展。数字经济在互联网信息技术革命中应运而生，其既涉及传统经济的互联网化，也包含互联网领域的新型经济样态和模式。随着互联网信息技术的迅速迭代升级以及新应用的不断涌现，数字经济将是未来世界经济竞争的关键领域，习近平总书记在2017年世界互联网大会上提出中国数字经济发展将进入快车道；在2018年的互联网大会上又提出，随着现代信息技术不断取得突破，数字经济蓬勃发展。由此可见，新一轮的科技和产业革命将加快推动数字经济发展，并将为世界经济发展提供全新动能，提前做好数字经济的全球布局至关重要，关系到今后我国能否在世界经济竞争中占据优势、赢得话语权。

深度融合是互联网重要发展方向。新型信息技术日新月异，导致当前世界传播格局与生态不断发生深刻变化，人们的生产生活观念也随之演化变迁，但整体来看，深度融合将是未来互联网发展所遵循的主要逻辑。一方面，技术融合向深入推进，互联网、大数据、人工智能等技术不断创新升级并将融合为一，以一体化思维共进发展，物联网、智联网等将是互联网发展的高级形式，技术驱动、服务于人将一直是互联网深度融合发展的基本逻辑。另一方面，理念融合走向深入，互联网思维将越发深入渗透到各个传统行业，并对其进行重新定义，行业模式将发生重大变革。至此，互联网将与人类生产生活各领域全面交汇融合，其影响也越发深刻。

网络空间治理成为互联网发展重要课题。互联网发展在为国家的政治、经济、文化等领域提供巨大推动力的同时，一些不良影响也随之而来，加强网络空间综合治理，营造清朗、安全的网络空间是维护互联网健康发展的根本路径。一方面，要持续加大网上正向内容供给，弘扬主旋律，推进网络空间治理法治化进程，营造良好的网络生态环境。另一方面，要加快推进网络安全保障能力建设，从技术、内容、制度等层面同时发力，做到统筹部署、齐头并进，筑牢网络安全防线。网络空间治理与发展相辅相成，网络空间健康、有序、安全是互联网发展的前提，互联网发展进一步为网络空间治理与维护提供保障，二者互为支撑。

积极主动：加快推进互联网战略布局

加强核心技术自主创新，切实提升信息化发展水平。技术驱动是互联网发展的最关键动力来源，互联网领域竞争的核心是技术创新，掌握了核心技术，就能占据全球互联网发展的制高点，夺得话语权。因此，要主动作为，准确把握互联网发展大势，积极布局突破互联网发展的前沿核心技术，强化人才支撑作用，充分激发技术研发创新活力，力争在全球互联网发展大潮中赢得主动，抢占先机，为加快推进网络强国建设提供坚实的技术支持。

提升网络综合治理能力，积极营造清朗的网络空间。内容层面，要认真践行社会主义核心价值观，有效加强网络内容建设，培育向善向上向好的网络文化，做好网上舆论引导工作，守护好网上舆论阵地。技术层面，尤其互联网企业要积极承担起社会责任，加快推进技术升级，对网络信息严格审核把关，及时发现和过滤网络空间不良信息，增加主流意识形态内容配置推送。制度层面，要加快推进网上综合治理法治化进程，厘清、调整有关网络空间治理的各项法律法规关系，完善衔接配套，构筑网络空间综合治理体系，为新时代网络空间治理提供制度保障。

强化网络安全防护能力，建立互联网安全保障体系。网络安全事关国家主权、安全和发展，需要高度重视和认真应对，政府、企业、社会组织、广大网民等各主体要共同参与，不断创新机制、手段和思路，切实履行维护网络安全的职责义务，强化网络安全意识，增强网络安全防御能力，筑牢网络安全防线。其中，尤其需要重视网上意识形态安全，其面临的威胁往往具有隐蔽性和模糊性，但是更具破坏性，因此要深刻认识其重要性和复杂性，牢固坚守网上意识形态阵地，维护好网上意识形态安全。

推进全球互联网络合作，构筑网络空间命运共同体。习近平总书记在致2017年第四届世界互联网大会的贺信中曾指出，全球互联网治理体系变革进入关键时期，构建网络空间命运共同体日益成为国际社会的广泛共识。得益于互联网飞速发展，全球化趋势显著增强，互联网空间日益为世界人民共用共享，加快推动实现互联网全球合作、互联互通，切实保护好全球网络空间，是世界各国的共同责任。对此，我们要继续主动作为，积极倡导践行"四项原则""五点主张"，以"一带一路"建设等为契机，推动构建网络空间命运共同体，为我国加快建设网络强国做好外围保障。

（作者系中国社会科学院新闻与传播研究所新闻学研究室主任、研究员）

《中国青年报》（2018年12月10日　02版）

点击"学习强国" 汇聚强军力量

洪 治

"今天你在'学习强国'上学了多少分？"两个月来，这已成为不少官兵见面的问候语。"学习强国"学习平台是中宣部今年1月推出的学习交流习近平新时代中国特色社会主义思想的重要网络阵地。因其内容权威、体系丰富、特点鲜明，不仅深受地方干部群众欢迎，而且被广大官兵青睐。

马克思、恩格斯深刻指出："一切划时代的体系的真正的内容，都是由于产生这些体系的那个时期的需要而形成起来的。"我们所处的时代是信息网络大发展的时代，网络不仅是一种工作需要、社交手段，更是一种生活方式、思维方式。思想政治工作和理论武装工作，过不了网络关就过不了时代关。"学习强国"学习平台，通过网络让理论"飞入寻常百姓家"。登录细览，学习平台不仅开设了"新思想""强军兴军"等多个重量级板块，而且解放军报等主流媒体也入驻其中，还聚合了大量可免费阅读的期刊、古籍、公开课等资料,有利于推进理论学习由灌输型向交互型转变,由"独奏型"向"协奏型"转变,由"我打你通"向"平等对话"转变。

指导思想先进、理论武装先行,是我们党的特有优势,也是我军的重要法宝。习近平新时代中国特色社会主义思想是当代中国马克思主义、21世纪马克思主义,是全党全国人民为实现中华民族伟大复兴而奋斗的行动指南。习近平强军思想是马克思主义军事理论中国化时代化的新飞跃,是人民军队的强军之道、制胜之道。学习平台上专门开辟"强军兴军"板块,摘录了习近平论强军兴军的重要文本,荟萃了大量专家对习近平强军思想的研究成果,还聚合了强军时评、部队报道、军史研究、军事著作等强军兴军学习资料,使官兵开卷受益、受到启迪。

"吾生也有涯,而知也无涯。"事业发展没有止境,学习就没有止境,但人的精力毕竟有限,特别是在这个信息爆炸、时间碎片化的时代,如何能系统学习,是决定学习效果的关键。不同于其他信息平台,学习平台定位精准、图文并茂、情景交融,具有强大的感染力和吸引力,而且借助网络的虚拟性、互动性和开放性,营造了平等、包容、高效的环境,有效激发了官兵对理论的兴趣,调动了官兵的学习热情。

学习平台如何能抓住人心?拳不离手,曲不离口。学习最忌三天打鱼两天晒网,必须持之以恒坚持下去。"独学而无友,则孤陋寡闻",集体学习不仅能互通有无,还能形成持久机制。学习平台设有"学习积分""答题活动""专题考试"等自查激励机制,用户还可以添加好友、组建学习小组,相互交流学习心得,解答学习疑惑,监督学习进展。平台基于用户视角，直击学习痛点，通过高科技手段和社交功能，让广大官兵在积极参与中加强理论武装，坚定思想信念，提升思想境界。

远离时代的桅杆，只会被未来抛弃。无论是打牢维护核心、听从指挥的思想政治基础，还是加快推进国防和军队改革步伐；无论是培育"四有"新时代革命军人，还是提高备战打仗能力，都需要紧跟党的理论和实践创新步伐，自觉做到党的理论创新每发展一步，理论武装就跟进一步。相信随着学习平台的普及使用，一定会有越来越多的官兵成为"学习强国"的忠实粉丝，一定能够凝聚起磅礴的强军力量。

理论上的认同是最根本的认同，思想上的追随是最内在的追随。全军官兵要热爱学习、系统学习、坚持学习，自觉用好"学习强国"这一学习平台，进一步增强"四个意识"、坚定"四个自信"、做到"两个维护"，贯彻军委主席负责制，进一步激发强军精神，汇聚强军力量，助推强军实践，忠实履行党和人民赋予的"四个战略支撑"新时代使命任务，不断把新时代强军事业推向新高度。

《解放军报》（2019年03月06日　10版）

构建可持续的数字世界

马费成

近年来,数字经济在移动支付、网络购物、共享经济等领域迅猛发展,深刻改变着人们的生产生活方式。构建可持续的数字世界,需要在加强信息技术创新、提升数字化水平、完善法律法规体系、积极参与国际合作方面下更大功夫。

当今时代,信息技术快速发展、广泛应用,数字化渗透到社会生产生活的各领域各方面,形成全新的数字经济。以互联网、大数据、人工智能为代表的信息技术,已成为全球经济增长新的驱动力量。习近平同志指出,要共同推动全球数字化发展,构建可持续的数字世界。这为我们抓住新一轮科技革命和产业变革机遇、推动数字化持续健康发展指明了方向。

近年来,在建设网络强国、数字中国和智慧社会等战略举措推动下,我国数字经济快速发展。截至2018年6月,我国网民规模达8.02亿,互联网普及率为57.7%。网络支付用户规模达5.69亿,其中手机支付用户规模为5.66亿。数字经济在移动支付、网络购物、共享经济等领域迅猛发展,深刻改变着人们的生产生活方式。构建可持续的数字世界,应在此基础上抓住重点、持续用力。

构建可持续的数字世界,需要加强信息技术创新。大数据、人工智能、云计算等信息技术的兴起,为数字经济发展提供了无限可能。抓住这一战略机遇,必须加大信息技术研发力度,持续释放数字红利,加快推动产业升级。当前,我国数字经济虽然发展迅速,但在核心技术上仍存在明显短板。实践证明,不掌握核心技术就会受制于人。面对复杂的国际环境和激烈的国际竞争,必须拿出更多勇气和智慧,制定立足实际、面向未来的发展战略,进一步加强基础研究,补齐技术短板,努力实现重点突破。

构建可持续的数字世界,需要不断提升数字化水平。我国数字经济发展速度快、势头好,但也存在发展不平衡问题。例如,工农业领域的数字化应用和创新仍显不足,社会治理、公共服务等领域的数字化水平较低。数字经济发展需要以信息基础设施为支撑。我国幅员辽阔,信息基础设施建设和升级具有规模大、难度高等特点。要坚持统筹兼顾,注重弥合不同地域、不同行业之间的数字鸿沟。当前,应加快数字技术在工农业领域的应用,在充分发挥市场作用的同时,出台相关配套政策,引导数字技术在智能制造、智慧农业等领域持续发力,让信息技术更好服务经济社会发展。

构建可持续的数字世界,需要不断完善法律法规体系。技术革命不仅会带来经济社会变革，还会对法律法规的调整和完善提出新要求。大数据、人工智能、云计算等信息技术的创新和应用，有力促进了数字经济发展，但也带来一系列伦理和法律层面的问题与隐患，如个人信息保护、数据权属、知识产权保护等方面已经凸显的问题以及自动驾驶、智能机器人研发等领域可能出现的伦理和法律问题。有效解决这些问题，需要及时调整和完善相关法律法规。

构建可持续的数字世界，需要积极参与国际合作。这是由信息技术和信息资源的开放性、共享性特征决定的。现在，信息技术的跨国交流与合作越发频繁，但网络空间也面临诸多风险，如网络恐怖主义、网络犯罪等，需要国际社会携手合作、共同治理。构建可持续的数字世界，迫切需要建立规范各方行为的国际规则。近年来，中国不断加强同相关国家的交流合作，积极倡导抛弃零和博弈的旧思维，加强交流与沟通，共同应对数字空间风险，共享数字经济红利。这对于建立健全数字经济领域的国际规则体系、推动构建可持续的数字世界、增进信息时代人类共同福祉具有重要意义。

（作者系武汉大学信息管理学院教授、人文社科资深教授）

《人民日报》（2019年02月26日 09版）

向着网络强国阔步前行

吴　晶　王思北　胡　浩

全球信息化浪潮，云奔潮涌、气象万千。

中国网信事业发展，蹄疾步稳、生机勃勃。

党的十八大以来，以习近平同志为核心的党中央坚持从发展中国特色社会主义、实现中华民族伟大复兴中国梦的战略高度，系统部署和全面推进网络安全和信息化工作。我国互联网发展和治理不断开创新局面，网络空间日渐清朗，信息化成果惠及亿万群众，网络安全保障能力不断增强，网络空间命运共同体主张获得国际社会广泛认同。中国网信事业勇立潮头、踏浪而行，阔步迈入新时代。

"网络空间是亿万民众共同的精神家园"——以习近平同志为核心的党中央不断加强网络内容建设，培育积极健康、向上向善的网络文化，为广大网民特别是青少年营造一个风清气正的网络空间

2018年以来，针对当前网络视频行业存在的突出问题，国家主管部门以约谈、整改、下架等一系列"组合重拳",为一路狂飙的网络视频行业踩下"急刹车"。

这只是党的十八大以来党和政府依法管网、猛药治疴的一个缩影。

"网络是把双刃剑,一定要严厉打击好好整治这些乱象""支持整改!严管这些给社会带来负能量的主播们"……网民们点赞支持的声潮,映射着广大人民群众对建设网上美好精神家园的期盼。

网络空间是亿万民众共同的精神家园。网络空间天朗气清、生态良好,符合人民利益。网络空间乌烟瘴气、生态恶化,不符合人民利益。

习近平总书记强调,我们要本着对社会负责、对人民负责的态度,依法加强网络空间治理,加强网络内容建设,做强网上正面宣传,培育积极健康、向上向善的网络文化,用社会主义核心价值观和人类优秀文明成果滋养人心、滋养社会,做到正能量充沛、主旋律高昂,为广大网民特别是青少年营造一个风清气正的网络空间。

党的十九大报告指出,加强互联网内容建设,建立网络综合治理体系,营造清朗的网络空间。

党的十八大以来,按照"正能量是总要求、管得住是硬道理"的要求,有关部门密切配合、协同发力、综合治理。

——网络安全法、《互联网新闻信息服务管理规定》《互联网用户公众账号信息服务管理规定》《互联网群组信息服务管理规定》等一批法律法规相继出台,为依法管网、办网、用网提供基本依据。

——"净网""剑网""清源""护苗"等一系列专项治理行动及网站管理人员失信黑名单制度无缝衔接,网络谣言、网络色情、"伪基站"

等网络乱象得到有效整治，网络空间日渐清朗。

——"网络媒体走转改""中国好网民工程""网上公益工程"及国家网络安全宣传周等一批项目成功实施，公民网络文明素养大幅提升，健康向上的网络生态传递正能量。

……

从《"一带一路"：大道之行》到《小账本连着大情怀》，从"砥砺奋进的五年"到《厉害了，我的国》……党的十八大以来，重大主题宣传综合运用互联网传播方式手段，形成"往实里走、往深里走、往心里走"的刷屏效应。

从中国梦践行者故事网络传播工程到中国原创游戏精品出版工程，从"两微一端"百佳评选到网络正能量"五个一百"精品评选，中华优秀传统文化网上传承与当代中国正能量传播齐头并进，弘扬网上网下"同心圆"的家国情怀。

灾难中的守望相助、见义勇为中的无私无畏、邻里间的相互关爱、公益事业中的慷慨解囊……党的十八大以来，互联网正日益成为社会主义核心价值体系的有益传播者，让那些感动中国的好人好事、浸润心灵的良知义举通过真实、正面、健康的传播为网民和公众熟知，为构建社会主义和谐社会凝心聚力。

网络空间正日益成为正能量的策源地和亿万民众共同的精神家园。

"网信事业要发展，必须贯彻以人民为中心的发展思想"——适应人民新期待，信息化的飞速发展，正在让亿万人民在共享互联网发展成果上有更多获得感、幸福感、安全感。

甘肃陇南，山大沟深，自然资源十分丰富。多年来，由于交通落后，当地百姓只能守着这些"宝贝"过着苦日子。

在外打工的80后姑娘梁倩娟回到家乡开起网店创业后，给村里带来不小的震动：仅仅靠着一根网线，轻敲几下键盘，就把地里种的庄稼、树上结的核桃、山里长的野菜变成了钱，生意越做越红火。如今，梁倩娟的线上销售收入累计达到450多万元，还带动村里30多个贫困户长期给网店供货，找到了脱贫的门路。

推动网络发展，用好数字力量，是促进社会进步、增进人民福祉的基础性工程。党的十八大以来，在以习近平同志为核心的党中央高度重视和频密部署下，"网络扶贫行动"如春风拂遍神州大地，为决胜全面小康增添助力。

——目前我国建档立卡贫困村通宽带比例超过86%，今年有望提前超额完成"十三五"规划纲要提出的"宽带网络覆盖90%以上的贫困村"的目标。

——499个国家级贫困县已纳入电子商务进农村综合示范支持范围，占全部贫困县的60%。

——网络扶贫行动大数据分析平台，有效支撑贫困人口的精准识别、精准施策、精准退出。

——100多家网信企业与深度贫困地区开展结对帮扶，实施网络助学、"春蕾计划"、"母亲水窖"等网络公益项目。

"网信事业要发展，必须贯彻以人民为中心的发展思想。"党的十八大以来，"数字红利"加快释放，"互联网+"深入百姓生活。

在车辆穿梭的深圳街头，城市交通大脑借助互联网大数据，由车流量来决定全市红绿灯的运营配时，使车流监测准确率达到95%以上，道路通行能力提高8%以上，30分钟就能形成交通情报精准推送。

在游人如织的福建武夷山，15个主要景区实现智慧旅游，除了为游客提供吃、住、行、游、购、娱等服务外，还运用智能计算和科学预判，分析汇总游客数据、景区情况。

在人头攒动的北京市丰台区不动产登记事务中心，"一窗办理"的综合服务窗口让很多原本以为会跑断腿的群众一次就办好所有手续，切实感受到"最多跑一次"的便利……

从远程课堂带领山里娃迈过"数字鸿沟"到寻亲平台帮助失踪儿童回家，从在线培训让果农喜获丰收到互联网政务"让群众少跑腿"，从共享模式带来便捷舒适到"互联网+"带动双创热潮……党的十八大以来，我国网信事业着力补齐民生短板、提升公共服务，不断解决面对人民日益增长的美好生活需要和不平衡不充分的发展之间的矛盾。用得上、用得起、用得好的信息服务正在惠及更多百姓，亿万人民在共享互联网发展成果上拥有更多获得感、幸福感和安全感。

2018年4月，美丽榕城福州即将迎来主题为"以信息化驱动现代化，加快建设数字中国"的首届数字中国建设峰会。这是贯彻落实习近平总书记关于网络强国战略思想的重要举措，将进一步引导信息化发展更好地满足人民日益增长的美好生活需要。更加便捷、高效的数字体验指日可待。

"没有网络安全就没有国家安全"——习近平总书记纵观全球、把握全局,为推动我国网络安全体系的建立,树立正确的网络安全观指明方向

2018年3月,作为全球最大社交平台之一的Facebook遭遇信任危机,超过5000万名用户个人资料疑遭泄露。此前,类似事件屡见不鲜:全球连锁酒店支付系统被黑客入侵,大量数据外泄;勒索病毒在全球范围内爆发……

"聪者听于无声,明者见于未形。"党的十八大以来,习近平总书记深刻指出"没有网络安全就没有国家安全",为推动我国网络安全体系的建立,树立正确的网络安全观指明了方向。

哪里有无视法律法规的铤而走险,哪里就有互联网监管和执法。

——国家网信办牵头编制研究提出信息网络专项立法规划,积极推进网络安全法、电子商务法、未成年人网络保护条例等重要法律法规立法进程。

——《中华人民共和国电信条例》《计算机软件保护条例》《信息网络传播权保护条例》等相关法律、法规、规章和司法解释加快出台。

——网络安全法正式施行,将网络安全各项工作带入法治化轨道。

——《国家网络空间安全战略》《通信网络安全防护管理办法》《电话用户真实身份信息登记规定》《公共互联网网络安全突发事件应急预案》等配套规章、规划和政策文件相继出台。

——通过对微信、新浪微博、淘宝网、京东商城等10款网络产品和服务的隐私条款进行评审,企业违法违规收集用户隐私信息的行为得到有效整改。

——网络安全审查、数据出境安全评估、个人信息保护等重要制度逐步建立,共同为网络安全织就"牢不可破"的制度防线。

网络安全,需要关键信息基础设施做保障。

一张小小的卡片,能够阻止非接触式敏感信息的获取;在线签证核身技术,从源头对非法入境行为进行识别和拦截;国内首个网络安全保险,为广大网民提供更多保障……党的十八大以来,针对"物理隔离"防线可被跨网入侵,电力调配指令可被恶意篡改,金融交易信息可被窃取等重大风险隐患,金融、能源、电力、通信、交通等领域的关键信息基础设施建设突飞猛进、不断创新,正在织密网络安全的防护网,打造国家安全的金钟罩。

"网络安全为人民,网络安全靠人民,维护网络安全是全社会共同责任,需要政府、企业、社会组织、广大网民共同参与,共筑网络安全防线。"

"网络空间安全"成为一级学科,"网络空间安全学院"在多所大学落地;中国网络空间安全协会等各类新型网络社会组织纷纷成立,连续4年举办的国家网络安全宣传周走入社区……党的十八大以来,各方面齐抓共管的良好局面已经形成,网络安全的共治共建渐入佳境。

"尊重网络主权,发扬伙伴精神,大家的事由大家商量着办"——全球互联网治理体系变革进入关键时期,"共同构建网络空间命运共同体"为解决网络空间发展治理这一关乎人类前途命运的问题贡献中国智慧和中国方案

网络无国界。

当信息化革命浪潮深刻席卷全球经济格局、利益格局、安全格局，各国在全球互联网治理体系中利益交融、休戚与共。

2015年9月，美国西雅图微软公司总部。正在进行国事访问的习近平主席在会见出席中美互联网论坛双方主要代表时强调，一个安全、稳定、繁荣的网络空间，对一国乃至世界和平与发展越来越具有重大意义。

"完善全球互联网治理体系，维护网络空间秩序，必须坚持同舟共济、互信互利的理念，摈弃零和博弈、赢者通吃的旧观念。"——是倡议，更是共识；是判断，更是宣示。

党的十八大以来，习近平总书记提出的"共同构建网络空间命运共同体"为其他国家提供更多中国智慧和中国方案，向国际社会传递负责任大国的勇毅担当。

我们倡导"四项原则""五点主张"，就是希望与国际社会一道，尊重网络主权，发扬伙伴精神，大家的事由大家商量着办，做到发展共同推进、安全共同维护、治理共同参与、成果共同分享——2017年12月召开的第四届世界互联网大会上，习近平主席的贺信独树一帜、鲜明有力。

"'中国网络观'让人印象深刻。""互联网之父"、著名计算机科学家罗伯特·卡恩说，习近平主席的一揽子阐述，表明了互联网是一个非常独特的共同家园，所有人应该共同承担责任。

携手共进，方能乘风破浪。

从《网络空间国际合作战略》的发布，到G20杭州峰会《二十国集团数字经济发展与合作倡议》的签署，从共同推动互联网关键资源管理权完成转移，到积极助推互联网域名地址分配机构的国际化进程，中国进一步深化网络空间国际合作，推动世界各国共同搭乘互联网和数字经济发展的快车。

作为一个网络大国，中国不仅为推动网络空间国际合作、探寻网络空间国际治理体系建设和推动网络空间人类命运共同体的建设提供了中国方案，更以建设网络强国的实际行动为世界贡献着中国经验和中国力量。

近年来，随着与相关国家数字经济领域的政策沟通和战略对接不断加强，中国—东盟信息港建设、中阿网上丝绸之路经济合作试验区建设率先启动，一大批优秀企业积极走出国门，在宽带信息基础设施、大数据、跨境电商、智慧城市等新兴产业领域，为"一带一路"国家提供了高质量的信息产品和技术服务，有力促进了各国经济社会发展，为"一带一路"国家数字经济发展贡献了中国智慧。

塞尔维亚贸易旅游与通信部国务秘书塔提亚娜·马迪奇对移动支付、共享单车、"双11"等中国互联网经济中的"新名片"如数家珍。

"全球网络空间的治理需要国际社会的共同努力，共同建立安全与公平的新秩序。我们希望加强与中国在智慧城市、电子商务和在线旅游等方面的合作，共同推进数字经济的发展。"塔提亚娜·马迪奇说。

伟大的时代成就光辉的事业。

从一条网速仅有每秒64千比特的网线出发，一个有着7亿多网民的发展中大国挺立第四次工业革命的潮头，正在同世界各国共建共享互联网技术和产业进步。

崭新的征程驶向民族的未来。

从 5000 多年文明史中走来的中国，正在习近平新时代中国特色社会主义思想指引下，探索网络强国新路径，开拓全球网络治理新境界，让互联网之光点亮人民生活、照亮国家未来、贡献人类世界。

（新华社北京 4 月 19 日电　作者系新华社记者）

《人民日报》（2018 年 04 月 20 日　03 版）

让网络空间命运共同体更具生机活力

魏哲哲、张意轩、曹怡晴、王 慧、谷业凯、薛贵峰

"为世界经济发展增添新动能,迫切需要我们加快数字经济发展,推动全球互联网治理体系向着更加公正合理的方向迈进。"11月7日上午,第五届世界互联网大会在浙江乌镇开幕。国家主席习近平向大会致贺信,他在贺信中指出,各国应该深化务实合作,以共进为动力、以共赢为目标,走出一条互信共治之路,让网络空间命运共同体更具生机活力。

深刻洞察世界互联网发展趋势

"当今世界,正在经历一场更大范围、更深层次的科技革命和产业变革。互联网、大数据、人工智能等现代信息技术不断取得突破,数字经济蓬勃发展,各国利益更加紧密相连。"习近平主席在贺信中的论述,深刻洞察了世界互联网发展趋势。

"习近平主席的贺信，高度总结了关于当今科技革命、产业变革与数字化发展的中国观点。"微软全球执行副总裁沈向洋表示，科技行业有能力、有义务推动技术创新的应用和普及，让互联网发展成果更好造福世界各国人民。

"习近平主席在贺信中强调加快数字经济发展，这让我们对于在未来继续专注技术创新，坚持推动产业升级的道路充满信心。"百度董事长兼首席执行官李彦宏表示，百度有信心做出更多贡献。

"我们在迎接数字经济带来科技革命与产业变革的同时，还应与全世界一道推动全球数字化发展，同创共建和平、安全、开放、合作的网络空间。"亚信集团董事长田溯宁说。

互联网不是法外之地，依法治网是重要举措。北京大学教授、操作系统研究中心主任黄罡认为，人机物融合发展过程中不可避免会遇到各种各样的冲突，对此需综合应对解决，尤其是通过技术创新、标准规范、法律法规三管齐下，才能走出互信共治之路，推进网络空间命运共同体的建设。

高度关切信息时代人类共同福祉

习近平主席强调，世界各国虽然国情不同、互联网发展阶段不同、面临的现实挑战不同，但推动数字经济发展的愿望相同、应对网络安全挑战的利益相同、加强网络空间治理的需求相同。

"互联网已经成为人类社会的基础设施，在万物互联时代，网络世界和物理世界的边界逐渐消失。"360集团董事长兼CEO周鸿祎表示，在"大安全"时代，靠传统的防御思想和手段已经不能有效解决安全问题，全球都要达成网络空间命运共同体的共识，以全局思维从整体上解决安全挑战。

"我们在推动技术创新、打破城市与乡村信息壁垒的同时，也有责任维护网络空间秩序，加强信息安全管理，加速和重视技术研发，共同推进全球数字化的可持续发展，使互联网更好地服务社会、造福人类。"58集团CEO姚劲波表示。

"近年来互联网技术的急速发展不仅改变了人类的生活方式，而且也带来新的问题与挑战。"杭州宇链科技有限公司联合创始人陈柏臻表示，自己所从事的区块链行业能为传统产业转型升级提供技术支持，感到十分荣幸。国网浙江桐乡市供电公司党委书记项志荣说，将通过不断提升电力服务智能化水平，打通群众水、电等生活用能数据，使群众办事实现"最多跑一次"。

携手搭乘数字经济发展快车

"习近平主席在贺信中提到为世界经济发展增添新动能，迫切需要我们加快数字经济发展，我感到非常振奋。"腾讯公司董事会主席兼首席执行官马化腾表示，腾讯近期宣布战略升级，希望扎根消费互联网，拥抱产业互联网，成为各行各业转型升级的"数字化助手"。

Roadstar联合创始人衡量表示，无人驾驶作为人工智能领域具有现实意义的重要产业，能够满足人们未来出行与生活的需求，要抓住新一轮科技革命和产业变革的机会，充分运用人工智能新动能，壮大数字经济。

美团创始人兼首席执行官王兴表示，互联网、大数据、人工智能等现代信息技术不断取得突破，既是机遇也是责任。美团点评将进一步通过互联网、大数据、人工智能，提升服务效率，为构建可持续的数字世界发展提供动力。

"世界互联网大会强调'携手共建网络空间命运共同体'，并欢迎各国搭乘中国发展的快车，共享互联网发展成果，充分展示出自信开放、包容合作的大国气度。"完美世界 CEO 萧泓说。

"从习近平主席贺信中，能够深刻体会到中国建设互信共治的数字世界的决心。"快手科技创始人兼 CEO 宿华表示，只有充满信任的连接才有价值，只有结成命运共同体，共同应对数字世界的新挑战，才能推动中国经济高质量发展和全球经济健康发展。

健康保障平台"轻松筹"联合创始人于亮表示，科技的变革会推动产业的进步，为行业带来变革，区块链技术为轻松筹解决了"信任"的难题，也为实现网络空间管理和共治提供了有力支撑。

建设互信共治的数字世界

习近平主席在贺信中倡议，希望大家集思广益、增进共识，共同推动全球数字化发展，构建可持续的数字世界，让互联网发展成果更好地造福世界各国人民。

2015年图灵奖获得者惠特菲尔德·迪菲被称为"公钥加密之父",他说:"我对习近平主席在贺信中强调互联网的广度和多样化感到非常受鼓舞,互联网治理机制需要多样化,没有一个国家的治理机制是放之四海而皆准的。"

巴基斯坦前总理肖卡特·阿齐兹表示,数字经济的发展,尤其会为年轻人创造很好的机会。习近平主席提出"共同推动全球数字化发展,构建可持续的数字世界",这非常及时。构建数字世界,将大大促进互联网供应商扩大产品的能力,整个电信生态系统将成为世界的高速公路。

全球移动通信系统协会首席执行官洪曜庄表示,习近平主席在贺信中强调的"共建网络空间命运共同体"这一理念具有战略意义。"我们支持构建网络命运共同体,共享网络社区,这也是互联网最初的设计。"

世界经济论坛执行主席高级顾问法迪·切哈德表示,习近平主席非常明确地谈到了中国对未来数字经济发展的理解。"中国数字经济的发展令人印象深刻,我相信未来中国经济将更加数字化,与全球经济的联系也将更加紧密,对全球经济结构将产生巨大影响。"

(作者系人民日报记者)

《人民日报》(2018年11月08日 04版)

延伸阅读

对话

我们所面临的全媒体传播

王雅婧

4月19日，是习近平总书记在网络安全和信息化工作座谈会上发表重要讲话三周年。近年来，互联网迅速发展，越来越成为人们学习、工作、生活的新空间，越来越成为人们获取公共服务的新平台。同时，伴随着信息化的潮流，新兴媒体的影响也越来越大。今年1月，习近平总书记在中央政治局第十二次集体学习时强调，推动媒体融合发展、建设全媒体成为我们面临的一项紧迫课题。要运用信息革命成果，推动媒体融合向纵深发展，做大做强主流舆论，巩固全党全国人民团结奋斗的共同思想基础，为实现"两个一百年"奋斗目标、实现中华民族伟大复兴的中国梦提供强大精神力量和舆论支持。

值此"4·19讲话"三周年之际，中国纪检监察报特邀请业界知名专家学者，就如何强化党员领导干部的互联网思维、推动媒体融合发展、做强做大主流舆论等问题进行对话交流。

真正的媒体融合要实现从"物理相加"到"化学相融"的跨越

记者：当前，互联网尤其是移动互联网已经成为信息传播的主渠道。习近平总书记指出，要立足形势发展，坚定不移推动媒体深度融合，加快传统媒体和新媒体从相加阶段迈向相融阶段。对于"从相加阶段迈向相融阶段"我们应该如何理解？

廖祥忠：当前，我国的媒体融合已经迈出了坚实的步伐，很多媒体的融合已经显现出可喜变化。但必须承认，当前还缺乏能被广泛复制和推广的成功案例。一些媒体把部门整合、人员相加，把在文字基础上发个视频音频等，等同于媒体融合，这其实只是从"我就是我、你就是你"走到了"我中有你、你中有我"阶段，这还是物理变化，没有产生化学变化，称不上是媒体融合。真正的"相融"应该是媒体内设机构、人员管理使用、产品生产流程呈现形态、新闻事实和价值取向等，都要做到"你中有我，我中有你"。真正的融合是指传统媒体融入互联网大海后，没有被吞噬，而是获得了互联网基因，不断壮大自己。

媒体融合是一篇大文章，媒体融合的脚步不能慢，但是步伐不能乱，要按照习近平总书记的要求，蹄疾步稳、稳中求进地做好融合，力戒任何形式主义、官僚主义，要踏踏实实把媒体融合推向纵深。

黄楚新："媒体融合"是近年来传媒学界、业界的热门话题。2014年8月，党中央通过《关于推动传统媒体和新兴媒体融合发展的指导意见》，"媒体融合"随之上升为国家战略。过去几年里，在宏观政策的扶持下，我国媒体融合持续推进，"中央厨房"成为媒体融合的龙头工程，县级融媒体中心建设也取得了阶段性成果,可以说媒体融合成果丰硕。但是也要看到,目前我国的媒体融合并未实现真正的"相融",更多的还是只实现了"相加"。

现在已经是全媒体时代,5G技术使万物互联成为可能,媒体格局将发生新一轮剧变。现在我国的媒体融合正处于"从相加阶段迈向相融阶段"的关键时期,应当推进融合实现从"物理相加"到"化学相融"的跨越。在内容、平台、技术、管理等多方面发力,坚持移动优先策略,不断创新,推进媒体融合向纵深发展。只有这样才能使媒体"融为一体、合而为一"。

主流媒体要不断加强传播手段和方式创新,提高正面宣传的质量

记者:习近平总书记指出,要加强网络内容建设,做强网上正面宣传;推进网上宣传理念、内容、形式、方法、手段等创新。在您看来,主流媒体如何在当前的信息化潮流中做好舆论宣传工作?

廖祥忠:当前,网络上有些媒体靠惊悚的标题、故弄玄虚的内容表达吸引受众、博取眼球,给网络生态带来不良影响,引起了网民的不满和社会各方面的谴责。如何消除这些负面影响?必须发挥好主流媒体的力量。但问题是,时下还有一些媒体在靠经验吃饭,没有跟上受众信息接收习惯、需求层次的变化。同时我们更要看到,广大网民对党媒依然保持着很高的信任度,很多信息大家只有看到权威媒体发布出来,才会真正相信。在很多现象面前,党媒的言论也会起到一锤定音的效果。

党媒姓党,代表的是党和人民的声音,代表着国家的立场,这是党媒的安身立命之本,也是初心和使命所在。所以主流媒体要充分意识到自己的地位和作用,意识到自己所发布的信息或言论的意义和价值,要强化使命担当,坚持内容为王,以人民群众喜欢的方式呈现优秀作品,传递正确的价值观、唱响主旋律。

黄楚新:在全媒体时代,媒体格局、舆论生态和传播方式都发生了深刻变化,主流媒体要在当前的信息化潮流中做好舆论宣传需要注意以下几点。

首先,主流媒体应当发挥主导作用,在复杂的网络舆情中确立正确的舆论导向和价值标准。我国的新闻媒体肩负宣传党的路线方针政策的任务,无论网络环境如何变化,主流媒体必须遵循"以正确的舆论引导人""坚持正面宣传为主"的原则,坚持党性与人民性相统一的原则。

其次,主流媒体做好舆论宣传要坚持移动优先策略。现在全媒体不断发展,信息无处不在、无所不及、无人不用,传播终端移动化发展已经是大势所趋,舆论宣传也要占领移动阵地,扩大主流价值影响力版图,让党的声音传得更开、传得更广、传得更深入。

最后,主流媒体的舆论宣传要注意时度效,提高舆论引导力和影响力。要及时提供更多真实客观、观点鲜明的信息内容,不断加强传播手段和方式创新,提高正面宣传的质量,实现舆论宣传效果的最大化和最优化。

党政机关和领导干部要强化互联网思维，善于运用网络了解民意、开展工作

记者：习近平总书记多次强调党员领导干部要适应信息化要求、强化互联网思维。您能否解释一下互联网思维是一种什么样的思维方式？

廖祥忠：每一种先进技术的产生，都会带来思维方式的变化，互联网也是如此。我认为，互联网思维包括三个维度，即怎么看、怎么用、怎么办。怎么看，这是认识问题。一些干部认为天天上网就是有互联网思维，这是不对的。要从思想上认识到网络媒体已经不仅仅是媒体，而是社会治理的手段，认识到互联网已经不只是一种传播信息的技术手段，而是影响到人类生活的方方面面。更关键的是，互联网对我们党的执政能力、国家治理水平和国家安全等都提出了严峻的考验。站在这个高度，我们可以说，互联网不只是一个网络工具，互联网空间也不是完全虚拟的网络空间，不能放任不管。

怎么用，这是利用问题。党政干部不仅要会通过网络了解新闻信息，更要能够充分运用大数据、物联网、云计算等先进的互联网技术，最大限度地了解老百姓的所思所想、所需所盼，利用网络改进办公方式、提高办事效率，营造团结向上的舆论氛围，网上网下形成同心圆。

怎么办，这是管理问题。如何应对当前互联网领域存在的问题，保证网络空间的清朗？我认为最重要的一条就是加强管理，将互联网的管理置于党的领导之下，决不让互联网管理游离于党的领导之外，也唯有在党的领导下，综合运用法律、技术、经济等管理手段，才能从根本上解决网络

暴力、网络谣言、网络失信、网络欺诈等长期存在的顽瘴痼疾问题。

黄楚新：互联网思维是一种立足互联网去实践、去解决问题的思维。随着科学技术的发展，互联网已经渗透到了生产生活的各个方面，相应地，互联网思维也成为这个时代必备的一种思维。互联网思维要求立足于互联网，这就是一种接受、适应并且利用互联网的思维。网络技术飞速发展让我们享受到技术红利的同时也带来不少问题，如信息泛滥、侵犯隐私、版权纠纷等。但不能因为存在这些问题而否定互联网，限制互联网的发展，而应该利用好互联网这个工具，让它更好地服务人类。

拥有互联网思维，就要按照互联网的规律、特点去实践。互联网是去中心化的，具有平等、开放、共享等基本特征，网络中的每个节点都有可能成为中心，人的价值得到凸显。因此，互联网思维要求遵循网络发展规律，做到"以人为本"。当然，在利用互联网创造价值的同时要牢记底线原则，遵守法律和道德规范。

记者：习近平总书记在网络安全和信息化工作座谈会上指出："善于运用网络了解民意、开展工作，是新形势下领导干部做好工作的基本功。"据您观察，近年来，各地党政机关和领导干部在这方面有哪些做得比较好的地方，还存在哪些不足？

廖祥忠：必须看到，习近平总书记重要讲话发表后，各级领导干部对网络的重视程度有了很大提高，增强了学网积极性、提升了用网水平。尤其是开始通过网络了解民意、倾听民声，实现了线上线下与群众更好的对接与沟通。

但是，仍有一些问题值得警惕。比如，一些领导干部自己不上网，而是习惯于看各部门形成的文字材料。任务多时间紧是客观现实，但只看汇报材料与自己上网的效果肯定是不同的，这就跟到群众身边交流与坐在办公室看文件效果不同一个道理。此外，在一些领导干部中还存在上网手段单一、关注内容单一、处理能力不够的问题，一些党政机关用网络开展工作还处于浏览网页阶段。

黄楚新：总书记提出的通过网络走群众路线是对党的群众路线的集成和发展，是在互联网时代提出的新要求。如今，人们的生产生活已全面"触网"，各级政府要服务好人民群众，需要不断推进"互联网＋政务服务"创新发展。

各级政府践行通过网络走群众路线的要求，在探索"互联网＋政务服务"方面取得了不少成果。据报道，目前我国已建成31个省级政务服务平台，30多个国务院部门建设开通了部门政务服务平台。20个地区构建了省市县三级以上网上政务服务体系。另外，超过65%的省市建立了政务云平台，各级政府在通过网络走群众路线上出实招、求实效，搭载"互联网＋"新快车，改变工作模式，让人民群众享受到了更高效、更便捷的服务。

不过，各级政府在积极探索提升政务服务、走好群众路线的同时，也存在一些不足。例如，各级政府在引导舆论方面做得还不够好，往往是自媒体平台先曝出舆情问题，政府被动地跟在后面管理。这说明各级政府的互联网思维还不够强，对网络平台的利用还有所欠缺。

(作者系中国纪检监察报记者)

《中国纪检监察报》(2019年4月22日　05版)